SHANGHAI

GUIDA DI VIAGGIO

2024

Periodo migliore per visitare, attrazioni principali, dove alloggiare, cose da fare, pianificare il tuo viaggio e tutto ciò che devi sapere

Larry G. Edgar

INDICE DEI CONTENUTI

INTRODUZIONE

Descrizione di Shanghai

Shanghai, spesso definita la "Perla d'Oriente", è una vivace metropoli della Cina orientale che racchiude la rapida modernizzazione e l'abilità economica del paese. Con una ricca storia che risale a migliaia di anni fa, Shanghai si è evoluta in un centro finanziario globale e in una città di forti contrasti, fondendo il vecchio e il nuovo in un modo che pochi luoghi sulla Terra possono eguagliare.

Situata sull'estuario del fiume Yangtze, Shanghai è stata a lungo un centro fondamentale per il commercio e il commercio. Il suo nome, che significa "Sopra il mare", parla del suo significato geografico. La storia della città può essere fatta risalire a oltre un millennio fa, con il primo sviluppo di Shanghai come città di pescatori e tessuti. Tuttavia, la sua vera trasformazione iniziò nel XIX secolo, quando divenne un porto di trattati, aprendo le sue porte alle influenze straniere, portando a una miscela unica di cultura cinese e stili architettonici occidentali.

Una delle caratteristiche più iconiche di Shanghai è il suo splendido skyline, dominato dai grattacieli futuristici di Pudong. La Oriental Pearl Tower, la Jin Mao Tower e lo Shanghai World Financial Center sono solo alcune delle meraviglie architettoniche che adornano questo quartiere, noto come Lujiazui Financial Zone. Quest'area è diventata sinonimo del potere economico e dell'ambizione di Shanghai, fungendo da cuore dell'industria finanziaria cinese e simbolo del suo rapido sviluppo.

In contrasto con la modernità di Pudong, la città vecchia di Shanghai conserva un profondo senso della storia. Il Giardino Yuyuan, un classico giardino cinese, offre uno sguardo sul passato della città. I pittoreschi stagni, gli intricati giardini rocciosi e l'architettura tradizionale riportano i visitatori all'antica Cina, in netto contrasto con i grattacieli dall'altra parte del fiume.

Shanghai è anche rinomata per il suo ampio ed efficiente sistema di trasporto pubblico. La metropolitana di Shanghai è una delle più grandi del mondo, il che rende facile per i residenti e i visitatori attraversare la città. Il treno a levitazione magnetica, che collega l'aeroporto internazionale di Pudong al centro della città, è il treno commerciale più veloce del mondo, raggiungendo velocità fino a 430 km/h.

Oltre alle infrastrutture e all'architettura, Shanghai vanta una vivace scena culturale. La città ospita numerosi musei, teatri e gallerie, tra cui il Museo di Shanghai, che ospita una vasta collezione di arte cinese e manufatti storici. Il Teatro dell'Opera di Shanghai e la Compagnia Acrobatica di Shanghai sono tra i tesori culturali della città.

La scena culinaria di Shanghai è altrettanto variegata e offre una vasta gamma di cucine cinesi e internazionali. Dai famosi xiaolongbao (gnocchi di zuppa) agli innovativi piatti fusion, ce n'è per tutti i gusti. Anche la cultura del cibo di strada della città è vivace, con venditori che vendono di tutto, dalle frittelle di scalogno al tofu puzzolente.

Dal punto di vista economico, Shanghai svolge un ruolo fondamentale nella crescita della Cina e nel commercio globale. Come sede della Borsa di Shanghai e un'importante città portuale, è diventata l'epicentro delle industrie finanziarie e marittime della Cina. Molte multinazionali hanno stabilito la loro sede cinese a Shanghai, consolidando ulteriormente il suo status di hub economico internazionale.

Negli ultimi anni Shanghai ha anche compiuto sforzi significativi per promuovere la sostenibilità e l'eco-compatibilità. La città è stata in prima linea nelle iniziative ecologiche della Cina, con una crescente enfasi sulle energie rinnovabili, sui trasporti pubblici e sugli spazi verdi.

In conclusione, Shanghai è una città di immenso contrasto e dinamismo, dove la storia antica convive armoniosamente con le innovazioni all'avanguardia del mondo moderno. Dal suo skyline mozzafiato e dalla fiorente economia al suo ricco patrimonio culturale e alle sue delizie culinarie, Shanghai è una città che non smette mai di stupire e affascinare i visitatori di tutto il mondo. Mentre continua ad evolversi, una cosa rimane certa: Shanghai rimarrà un simbolo del progresso della Cina e una testimonianza della sua incessante ricerca del futuro.

Motivi per visitarla

Shanghai, spesso definita la "Parigi dell'Est", è una destinazione dinamica e accattivante che offre una moltitudine di motivi per visitarla. Dal suo skyline mozzafiato alla sua ricca storia, alla cultura diversificata e alle delizie culinarie, Shanghai ha qualcosa da offrire a ogni viaggiatore. Ecco 10 validi motivi per visitare questa vibrante metropoli:

Skyline spettacolare: l'iconico skyline di Shanghai è uno spettacolo da vedere. I grattacieli futuristici di Pudong, tra cui l'Oriental Pearl Tower e la Shanghai Tower, illuminano il cielo notturno, creando uno spettacolo abbagliante che deve essere visto per essere creduto.

Il Bund: Sul lato opposto del fiume rispetto a Pudong, si trova lo storico Bund. Questa passeggiata sul lungomare è fiancheggiata da edifici di epoca coloniale e offre uno straordinario contrasto con la modernità di Pudong. È un luogo perfetto per una piacevole passeggiata.

Diversità culturale: Shanghai è un crogiolo di culture. La sua storia come porto commerciale globale ha lasciato un'eredità duratura di influenze diverse. Puoi esplorare il patrimonio ebraico nel distretto di Hongkou o scoprire il fascino europeo della Concessione Francese.

Giardino Yuyuan: questo classico giardino cinese nella Città Vecchia di Shanghai offre una fuga serena dalle strade affollate. I suoi splendidi giardini, l'architettura tradizionale e gli stagni pieni di carpe koi sono una testimonianza dell'arte orticola cinese.

Musei e gallerie: Shanghai vanta una ricca scena culturale con una vasta gamma di musei e gallerie. Il Museo di Shanghai ospita una vasta collezione di arte cinese e manufatti storici. Gli amanti dell'arte contemporanea possono esplorare la Power Station of Art, il primo museo d'arte contemporanea gestito dallo Stato cinese.

Delizie culinarie: Shanghai è un paradiso per gli amanti del cibo. Non perdere l'occasione di assaporare xiaolongbao (gnocchi di zuppa), shengjianbao (gnocchi saltati in padella) e un'ampia varietà di prelibatezze di street food. La variegata scena gastronomica della città soddisfa tutti i gusti, dalla cucina tradizionale cinese a quella internazionale.

Paradiso dello shopping: Dai marchi di lusso di Nanjing Road ai vivaci mercati come il South Bund Fabric Market, Shanghai offre infinite opportunità di shopping. Puoi trovare moda firmata, elettronica, antiquariato e tutto il resto.

Spettacoli teatrali: Shanghai è sede di una fiorente scena di arti dello spettacolo. Assisti a un'opera tradizionale cinese o a uno spettacolo acrobatico per un assaggio della cultura locale, oppure goditi spettacoli teatrali e musicali di livello mondiale in luoghi come lo Shanghai Grand Theatre.

Siti storici: esplora le antiche città d'acqua che circondano Shanghai, come Zhujiajiao e Zhouzhuang, per sperimentare l'architettura e la cultura tradizionale cinese. Il Tempio di Longhua, con la sua imponente pagoda e gli alberi secolari, è un altro gioiello storico.

Trasporti innovativi: l'efficiente sistema di trasporto pubblico di Shanghai comprende il treno commerciale più veloce del mondo, il Maglev, e una vasta rete metropolitana. Le futuristiche opzioni di trasporto della città offrono un modo unico e conveniente per esplorarla.

Oltre a questi 10 motivi, Shanghai è in continua evoluzione e reinventazione, rendendola una destinazione che offre qualcosa di nuovo ad ogni visita. Che tu sia interessato alla storia, alla cultura, all'architettura, alla cucina o semplicemente a goderti l'energia di una città vibrante, Shanghai ha tutto. È un luogo in cui il passato e il futuro si fondono senza soluzione di continuità, offrendo un'esperienza di viaggio indimenticabile a chiunque esplori le sue strade e i suoi quartieri.

CAPITOLO 1

ALLA SCOPERTA DI SHANGHAI

Attrazioni principali

Il Bund:

Questa iconica passeggiata sul lungomare lungo il fiume Huangpu offre una vista spettacolare sul moderno skyline di Pudong giustapposto all'architettura storica in stile europeo.

Posizione: Zhongshan East 1st Road, Distretto di Huangpu

Torre delle Perle Orientali:

Una torre televisiva futuristica nota per il suo design unico, offre ponti di osservazione con vista panoramica sulla città.

Posizione: 1 Pudong Century Avenue, Pudong New Area

Torre di Shanghai:

La Shanghai Tower è uno dei grattacieli più alti del mondo, con un ponte di osservazione al 118° piano, che offre una vista mozzafiato sulla città.

Posizione: 501 Yincheng Middle Road, Lujiazui, Pudong

Giardino Yu (Giardino Yuyuan):

Questo classico giardino cinese risale alla dinastia Ming e offre paesaggi sereni, intricati giardini rocciosi e architettura tradizionale.

Posizione: 218 Anren Street, Distretto di Huangpu

Compagnia acrobatica di Shanghai:

Assisti a sorprendenti esibizioni acrobatiche che mostrano l'agilità e l'abilità degli acrobati cinesi.

Posizione: 2266 Gonghexin Road, Distretto di Jing'an

Centro finanziario mondiale di Shanghai:

Conosciuto come "l'apribottiglie", questo grattacielo vanta una piattaforma di osservazione con pavimento in vetro, offrendo un'esperienza emozionante per i visitatori.

Posizione: 100 Century Avenue, Pudong

Shanghai Disneyland:

Un magico mondo di intrattenimento Disney, questo parco a tema offre giostre, attrazioni e spettacoli per visitatori di tutte le età.

Località: Chuansha, Pudong

Osservatorio della Torre di Shanghai:

Situato al 118° piano della Shanghai Tower, questo osservatorio offre una splendida vista a 360 gradi della città.

Posizione: 501 Yincheng Middle Road, Lujiazui, Pudong

Acquario dell'Oceano di Shanghai:

Esplora una vasta gamma di vita marina in questo acquario moderno e ben progettato, incluso un tunnel sottomarino.

Posizione: 1388 Lujiazui Ring Road, Pudong

Museo di Shanghai:

Sede di una vasta collezione di arte cinese e manufatti culturali, questo museo mette in mostra il ricco patrimonio della Cina.

Posizione: 201 People's Avenue, Distretto di Huangpu

La concessione francese:

Esplora le strade alberate, l'architettura art déco e un vivace mix di boutique, caffè e siti storici in questo affascinante quartiere.

Ubicazione: Distretto di Xuhui

Treno Maglev di Shanghai:

Scopri il treno commerciale più veloce del mondo, che raggiunge velocità fino a 430 km/h su questo treno a levitazione magnetica.

Posizione: Stazione di Longyang Road, da Pudong a Aeroporto Internazionale di Pudong

Tempio del Buddha di Giada:

Un sereno tempio buddista che ospita due preziose statue di Buddha di giada, è un luogo di riflessione spirituale.

Posizione: 170 Anyuan Road, Distretto di Jing'an

Tianzifang:

Un labirinto di vicoli stretti, questa zona è rinomata per le sue boutique artistiche, i caffè e l'architettura tradizionale di Shikumen.

Posizione: Corsia 210, Taikang Road, Distretto di Luwan

Mercato dei tessuti del South Bund:

Questo mercato è un paradiso per gli acquirenti alla ricerca di abbigliamento, tessuti e accessori su misura.

Posizione: 399 Lujiabang Road, Distretto di Huangpu

Tempio e pagoda di Longhua:

Visita uno dei templi buddisti più antichi e venerati di Shanghai, noto per la sua imponente pagoda e gli alberi secolari.

Posizione: 2853 Longhua Road, Distretto di Xuhui

Città dell'acqua di Zhujiajiao:

Scopri il fascino di una tradizionale città d'acqua cinese con antichi canali, ponti e architettura ben conservata.

Ubicazione: Distretto di Qingpu

Museo d'Arte di Shanghai:

Un paradiso per gli amanti dell'arte, questo museo presenta una collezione di arte cinese tradizionale e contemporanea.

Posizione: 325 Nanjing West Road, Distretto di Huangpu

Museo di Storia Naturale di Shanghai:

Esplora affascinanti mostre di storia naturale, geologia e paleontologia in questo moderno museo.

Posizione: 510 West Beijing Road, Distretto di Jing'an

Centro espositivo di pianificazione urbana di Shanghai:

Scopri il passato, il presente e il futuro di Shanghai attraverso mostre interattive, modelli dettagliati e display informativi.

Posizione: 100 Renmin Main Street, Distretto di Huangpu

Siti storici

Shanghai, una città rinomata per la sua miscela di modernità e storia, vanta una miriade di siti storici che offrono una visione del suo ricco passato. Questi siti, esclusi musei, gallerie, parchi e giardini, sono essenziali per comprendere il significato culturale e storico di Shanghai. Ecco alcuni dei siti storici, insieme alle rispettive posizioni:

Il Bund: Il Bund è un sito storico iconico dove si può assistere al passato coloniale di Shanghai. Si caratterizza per i suoi eleganti edifici in stile europeo lungo il fiume Huangpu, che mostrano la storia della città come porto commerciale globale.

Posizione: Zhongshan East 1st Road, Distretto di Huangpu

Giardino Yuyuan (Yu Garden): questo classico giardino cinese risale alla dinastia Ming e offre uno scorcio dell'antica Shanghai. La sua architettura tradizionale, i giardini rocciosi e gli stagni pieni di carpe koi riflettono il design tradizionale cinese.

Posizione: 218 Anren Street, Distretto di Huangpu

La Concessione Francese: Questa zona è un quartiere storico vivo, caratterizzato dai suoi viali alberati e dall'architettura art déco. Un tempo fungeva da insediamento francese a Shanghai e conserva un inconfondibile fascino europeo.

Ubicazione: Distretto di Xuhui

Tempio del Buddha di Giada: Costruito nel 1918, il Tempio del Buddha di Giada è un sito sacro buddista di Shanghai. Ospita due squisite statue di Buddha in giada e altri manufatti religiosi.

Posizione: 170 Anyuan Road, Distretto di Jing'an

Shanghai Old Street (Nanshi Old Street): questa antica strada offre uno scorcio della Shanghai tradizionale con i suoi vicoli stretti, i negozi tradizionali e l'architettura storica. È un luogo eccellente per sperimentare il fascino del vecchio mondo.

Posizione: Fangbang Middle Road, distretto di Huangpu

Tempio e pagoda di Longhua: Il Tempio di Longhua è uno dei templi buddisti più antichi e culturalmente significativi di Shanghai. Vanta un'antica pagoda e tranquilli giardini.

Posizione: 2853 Longhua Road, Distretto di Xuhui

Museo dei rifugiati ebrei di Shanghai: situato nell'ex ghetto ebraico di Shanghai, questo museo racconta la storia dei rifugiati ebrei che trovarono rifugio in città durante la seconda guerra mondiale.

Posizione: 62 Changyang Road, Distretto di Hongkou

Shikumen Open House Museum: esplora una tradizionale casa Shikumen (porta di pietra), uno stile architettonico unico che un tempo era prevalente nelle aree urbane di Shanghai, offrendo uno scorcio della vita quotidiana all'inizio del XX secolo.

Posizione: 25 Taicang Road, Distretto di Luwan

Parco Lu Xun: prende il nome dal famoso scrittore cinese Lu Xun, questo parco presenta una sala commemorativa e statue dedicate alla sua vita e alle sue opere. È un luogo di importanza culturale.

Posizione: 146 East Jiangwan Road, Distretto di Hongkou

Moschea di Songjiang: La Moschea di Songjiang è uno dei siti religiosi islamici più antichi e importanti di Shanghai, risalente alla dinastia Yuan, con una storia di oltre 700 anni.

Posizione: 99 Songjiang Road, Distretto di Songjiang

Questi siti storici offrono una prospettiva unica sul passato di Shanghai e sulla sua trasformazione nella città dinamica che è oggi. L'esplorazione di questi luoghi consente ai visitatori di immergersi nella ricca storia e nel patrimonio culturale della città, apprezzando più a fondo la fusione di vecchio e nuovo in questa metropoli cosmopolita.

Musei e Gallerie

Shanghai è una città con un ricco patrimonio culturale e vanta una pletora di musei e gallerie che soddisfano vari interessi e offrono preziose informazioni sulla storia, l'arte e la cultura del paese. Ecco alcuni musei e gallerie di Shanghai, insieme alle loro sedi:

Museo di Shanghai: Il Museo di Shanghai è una delle principali istituzioni culturali della città, che ospita una vasta collezione di arte cinese e manufatti storici. La sua architettura distintiva e le diverse mostre lo rendono una tappa obbligata per chi è interessato alla storia e all'arte cinese.

Posizione: 201 People's Avenue, Distretto di Huangpu

Museo d'Arte di Shanghai: ospitato in un ex edificio di epoca coloniale, il Museo d'Arte di Shanghai mette in mostra un mix di arte cinese tradizionale e contemporanea. Ospita una serie di mostre a rotazione, che la rendono una destinazione ideale per gli appassionati d'arte.

Posizione: 325 Nanjing West Road, Distretto di Huangpu

Museo d'Arte Cinese (Shanghai Art Palace): Ospitato nel Padiglione della Cina dell'Expo di

Shanghai del 2010, questo museo è il più grande museo d'arte della Cina, con una vasta collezione di arte moderna e contemporanea cinese.

Posizione: 205 Shangnan Road, Pudong New Area

Power Station of Art: The Power Station of Art è il primo museo d'arte contemporanea gestito dallo Stato cinese. Mette in mostra una vasta gamma di opere d'arte contemporanea e moderna di artisti cinesi e internazionali.

Posizione: 678 Miaojiang Road, Distretto di Huangpu

Rockbund Art Museum: questo museo d'arte si trova nel cuore della zona storica del Bund ed è dedicato all'arte contemporanea. Ospita regolarmente mostre ed eventi culturali, il che lo rende un centro culturale della città.

Posizione: 20 Huqiu Road, Distretto di Huangpu

Shanghai Urban Planning Exhibition Center: questo museo unico offre ai visitatori un'affascinante visione del passato, del presente e del futuro sviluppo urbano di Shanghai attraverso esposizioni, modelli e mostre interattive.

Posizione: 100 Renmin Main Street, Distretto di Huangpu

M50 Creative Park (Moganshan Road Art District): M50 è un quartiere artistico pieno di gallerie, studi e mostre di arte contemporanea cinese e internazionale. È un centro nevralgico per la comunità artistica della città.

Posizione: Moganshan Road, Distretto di Putuo

Shanghai Propaganda Poster Art Center: esplora una vasta collezione di manifesti di propaganda cinese del XX secolo, che offrono una prospettiva unica sulla storia e l'evoluzione culturale del paese.

Posizione: 868 Huashan Road, Distretto di Xuhui

Museo di Storia Naturale di Shanghai: questo museo è dedicato alla storia naturale e presenta una vasta gamma di mostre sulla geologia, la paleontologia e il mondo naturale. È una destinazione eccellente per gli appassionati di scienza.

Posizione: 510 West Beijing Road, Distretto di Jing'an

Museo dei rifugiati ebrei di Shanghai: questo museo si trova nello storico quartiere di Hongkou, che fungeva da rifugio per i rifugiati ebrei durante la seconda guerra mondiale. Racconta la storia della loro vita e delle loro esperienze a Shanghai.

Posizione: 62 Changyang Road, Distretto di Hongkou

Questi musei e gallerie di Shanghai offrono esperienze diverse e illuminanti, rendendo la città uno scrigno di tesori culturali. Che tu sia interessato all'arte, alla storia, all'urbanistica o alla scienza, queste istituzioni forniscono una comprensione più profonda del complesso passato della Cina e del suo dinamico presente.

Parchi e Giardini

Shanghai, nonostante sia una metropoli vivace, offre una ricchezza di parchi e giardini che offrono una fuga serena dal trambusto urbano. Questi spazi verdi permettono ai residenti e ai visitatori di godere della bellezza della natura e di trovare sollievo in mezzo all'energia vibrante della città. Ecco alcuni parchi e giardini di Shanghai, ognuno con il suo fascino e la sua posizione unici:

Fuxing Park: Fuxing Park, nel cuore di Shanghai, è noto per il suo paesaggio in stile europeo e l'atmosfera tranquilla. È un luogo popolare per piacevoli passeggiate e pratica del tai chi.

Posizione: 105 Yandang Road, Distretto di Huangpu

Piazza del Popolo: Piazza del Popolo non è solo uno snodo centrale dei trasporti, ma anche un grande parco urbano. Dispone di un vasto prato verde, un bellissimo laghetto e luoghi culturali come il Museo di Shanghai e il Gran Teatro di Shanghai.

Posizione: 231 Nanjing West Road, Distretto di Huangpu

Century Park: il più grande parco di Shanghai, il Century Park offre una vasta gamma di attività all'aperto, tra cui canottaggio, ciclismo e picnic. I paesaggi pittoreschi del parco includono un grande lago e prati aperti.

Posizione: 1001 Jinxiu Road, Pudong New Area

Parco di Gucun: Il Parco di Gucun è famoso per i suoi fiori di ciliegio in primavera, che creano uno splendido spettacolo di fiori rosa e bianchi. Il parco dispone anche di un bellissimo lago e di sentieri escursionistici.

Posizione: 4788 Hutai Road, Distretto di Baoshan

Giardino Botanico di Shanghai: questo vasto giardino botanico è un'oasi verde in città. Ospita una variegata collezione di specie vegetali e giardini a tema, tra cui una foresta di bambù e un roseto.

Posizione: 1111 Longwu Road, Distretto di Xuhui

Giardino botanico di Chenshan: Il giardino botanico di Chenshan è un altro paradiso botanico, che offre la possibilità di esplorare una vasta gamma di piante e paesaggi, tra cui un tranquillo giardino di bonsai.

Posizione: 3888 Chenhua Road, Distretto di Songjiang

Parco di Guilin: Conosciuto per i suoi splendidi boschetti di bambù, il Parco di Guilin è un rifugio tranquillo dove i visitatori possono godersi il suono rilassante del fruscio delle foglie e del cinguettio degli uccelli.

Posizione: 222 Guilin Road, Distretto di Xuhui

Parco Jing'an: il Parco Jing'an circonda l'iconico Tempio Jing'an. Offre una fuga serena nel bel mezzo del vivace quartiere commerciale di Jing'an, con vegetazione lussureggiante e sentieri pedonali.

Posizione: 1569 Nanjing West Road, distretto di Jing'an

Parco Lu Xun: prende il nome dal famoso scrittore cinese Lu Xun, questo parco presenta un ambiente sereno, un'architettura tradizionale e statue dedicate alla sua vita e alle sue opere.

Posizione: 146 East Jiangwan Road, Distretto di Hongkou

Parco Zhongshan: Il Parco Zhongshan è un vivace parco urbano con un grande lago, sentieri e una varietà di flora. È un luogo popolare per la gente del posto per rilassarsi e godersi la vita all'aria aperta.

Posizione: 780 Changning Road, Distretto di Changning

Questi parchi e giardini di Shanghai offrono una tregua dallo stile di vita frenetico della città e offrono l'opportunità di entrare in contatto con la natura, praticare attività all'aria aperta o semplicemente rilassarsi in un ambiente tranquillo. Che tu stia cercando una piacevole passeggiata, un posto per un picnic o un posto dove apprezzare le fioriture stagionali, gli spazi verdi di Shanghai hanno qualcosa per tutti.

CAPITOLO 2

PIANIFICA IL TUO VIAGGIO

Quando visitarla

Shanghai, una città dinamica e vivace nella Cina orientale, offre qualcosa ai visitatori tutto l'anno. Tuttavia, il periodo migliore per visitarla dipende dalle tue preferenze e da ciò che speri di sperimentare. Il clima, i festival e gli eventi di Shanghai possono aiutarti a decidere quando pianificare il tuo viaggio.

Primavera (da marzo a maggio):

La primavera è uno dei periodi più popolari per visitare Shanghai grazie al suo clima mite e confortevole. La città inizia a scrollarsi di dosso il freddo dell'inverno e le temperature vanno dai 10°C ai 20°C (da 50°F a 68°F).

Questa stagione è ideale per visitare la città, poiché i fiori iniziano a sbocciare nei parchi e nei giardini della città, creando paesaggi pittoreschi.

Tieni presente che la primavera è un'alta stagione turistica, quindi aspettati una folla maggiore e prezzi degli hotel più alti.

Estate (da giugno ad agosto):

L'estate a Shanghai può essere calda e umida, con temperature che vanno dai 25°C ai 35°C (da 77°F a

95°F). Luglio e agosto sono i mesi più caldi e piovosi.

Questa stagione è perfetta per chi ama il clima caldo, le attività all'aperto e i festival. Potrete assistere al Dragon Boat Festival e a vari eventi culturali.

Preparati all'umidità elevata e prendi in considerazione l'idea di mettere in valigia indumenti leggeri e traspiranti. Si consiglia di rimanere idratati e di utilizzare la protezione solare.

Autunno (da settembre a novembre):

L'autunno è un altro periodo fantastico per visitare Shanghai. Il clima è piacevole, con temperature che vanno dai 15°C ai 28°C (da 59°F a 82°F).

È un ottimo momento per le attività culturali e all'aperto, poiché in questo periodo si celebrano molte feste tradizionali come la Festa di metà autunno.

Il fogliame autunnale in parchi come Yuyuan Garden e Century Park può essere mozzafiato.

Inverno (da dicembre a febbraio):

L'inverno a Shanghai è generalmente freddo, con temperature che vanno da 0°C a 10°C (da 32°F a 50°F). Anche se nevica raramente, può essere piuttosto freddo e umido.

Se non ti dispiace il freddo, l'inverno è un ottimo periodo per visitare Shanghai per chi viaggia con un budget limitato, poiché i prezzi degli alloggi e dei voli sono spesso più bassi.

La città è splendidamente decorata per il Capodanno cinese e si può vivere l'atmosfera festosa di questa importante festa.

Sagre ed Eventi:

La Festa di Primavera (Capodanno cinese) è la festa più importante in Cina, che di solito si svolge tra la fine di gennaio e la metà di febbraio. È un momento fantastico per vivere le celebrazioni tradizionali, ma tieni presente che molte attività chiudono in questo periodo.

La Festa di Metà Autunno, che si celebra a settembre, presenta le famose torte lunari e vivaci spettacoli di lanterne nei parchi.

Il Dragon Boat Festival, di solito a giugno, offre emozionanti gare di dragon boat e tradizionali gnocchi di riso.

Folla e prezzi:

La primavera e l'autunno sono le stagioni turistiche di punta a Shanghai. Durante questi periodi, aspettati una folla maggiore nelle attrazioni più popolari e prezzi più alti per alloggi e voli.

Anche l'estate è impegnativa, ma si può godere di vari eventi e festival all'aperto.

L'inverno è la stagione meno affollata, il che la rende un'ottima scelta per chi viaggia con un budget limitato.

Il periodo migliore per visitare Shanghai dipende in gran parte dalle tue preferenze meteorologiche e dal tipo di esperienze che cerchi. La primavera e l'autunno sono in genere considerate le stagioni più confortevoli, ma l'estate e l'inverno offrono attrazioni uniche e possono essere adatte a interessi specifici. Considera le tue priorità e pianifica il tuo viaggio di conseguenza per sfruttare al meglio la tua visita in questa vibrante metropoli cinese.

Requisiti per il visto e l'ingresso

I requisiti per il visto e l'ingresso per Shanghai, Cina, possono essere piuttosto complessi e possono cambiare periodicamente, quindi è fondamentale verificare le informazioni più aggiornate con l'Ambasciata o il Consolato cinese nel tuo paese prima di pianificare il tuo viaggio. Eccouna panoramica dei requisiti tipici per il visto e l'ingresso per visitare Shanghai:

Tipi di visto:

Visto turistico (L Visa): Questo visto è per i viaggiatori che intendono visitare la Cina per turismo o per scopi di svago.

Visto d'affari (visto M): progettato per coloro che visitano la Cina per attività legate agli affari come riunioni, conferenze o commercio.

Visto per studenti (X Visa): rilasciato agli studenti che intendono studiare in Cina.

Visto di lavoro (Z Visa): Richiesto per i cittadini stranieri che intendono lavorare in Cina.

Transito senza visto: alcuni titolari di passaporto possono essere idonei per il transito senza visto a Shanghai e in altre grandi città cinesi. La durata del soggiorno varia, ma in genere è di 24, 72 o 144 ore, a seconda della nazionalità e della politica di transito specifica. Questa opzione è adatta a chi ha brevi soste o scali.

Visto turistico: Per ottenere un visto turistico cinese (visto L), di solito è necessario fornire un passaporto valido con almeno sei mesi di validità, un modulo di richiesta del visto compilato, una foto recente formato tessera e una prova dell'organizzazione dell'alloggio.

Visto d'affari: Per un visto d'affari (visto M), oltre a un passaporto valido, generalmente è necessaria una lettera d'invito da parte di un'entità commerciale cinese. Questa lettera deve contenere dettagli specifici sullo scopo e la durata del viaggio.

Visto per studenti: Per ottenere un visto per studenti (visto X), avrai bisogno di una lettera di accettazione da parte di un istituto scolastico cinese riconosciuto. Dovresti anche fornire la prova dei mezzi finanziari per sostenere il tuo soggiorno in Cina.

Visto di lavoro: per ottenere un visto di lavoro (visto Z) in genere è necessario un contratto di lavoro con un datore di lavoro cinese e una lettera di invito. Il datore di lavoro spesso assiste con il processo di richiesta del visto.

Procedura di richiesta del visto:

Dovrai presentare la tua domanda di visto all'Ambasciata o al Consolato cinese nel tuo paese d'origine o nel tuo paese di residenza. I requisiti, i tempi di elaborazione e le tariffe possono variare, quindi verifica con il consolato specifico per i dettagli precisi.

I centri per la richiesta dei visti, dove è possibile inviare i documenti e i dati biometrici, sono spesso utilizzati per semplificare il processo.

Durata del soggiorno: La durata del soggiorno in Cina di solito dipende dal tipo di visto che ti viene rilasciato. I visti turistici sono spesso validi per 30,

60, 90 o 180 giorni, con possibilità di estensione. La durata dei visti per motivi di lavoro può variare in base alle esigenze aziendali.

Rinnovo ed estensione: alcuni tipi di visto possono essere rinnovati o estesi all'interno della Cina, ma le regole e i processi specifici possono essere complessi e variare. Si consiglia di consultare l'Ufficio di pubblica sicurezza (PSB) locale per ricevere indicazioni.

Regolamenti e conformità ai visti: è essenziale rispettare le normative cinesi sui visti. Rimanere oltre il periodo di validità del visto o impegnarsi in attività non coperte dal tipo di visto può comportare sanzioni, multe o espulsione.

Requisiti sanitari: la Cina può avere requisiti sanitari specifici, come vaccinazioni o visite mediche, per alcuni richiedenti il visto. Verificare con le autorità competenti eventuali requisiti di ingresso relativi alla salute.

Tieni presente che i requisiti per il visto e l'ingresso possono cambiare, quindi è fondamentale verificare con l'ambasciata cinese, il consolato o il sito web ufficiale del governo per le informazioni più aggiornate e dettagliate prima di pianificare il tuo viaggio a Shanghai o in qualsiasi altra parte della Cina. Il rispetto di questi requisiti contribuirà a garantire un ingresso agevole e senza problemi in questa incredibile città.

Vaccinazioni e consigli per la salute

Le vaccinazioni e i preparativi sanitari sono aspetti essenziali per pianificare un viaggio a Shanghai, in Cina, una città vivace e vivace. Assicurarti di essere adeguatamente preparato può aiutarti a rimanere in salute e goderti la tua visita. Ecco una guida completa sulle vaccinazioni e consigli sulla salute per Shanghai:

Vaccinazioni:

Vaccinazioni di routine: assicurati di essere aggiornato con i vaccini di routine, inclusi morbillo, parotite, rosolia, difterite, tetano e pertosse. Queste malattie possono verificarsi ovunque, anche in città ben sviluppate come Shanghai.

Epatite A e B: Prendi in considerazione la possibilità di vaccinarti per l'epatite A e B, poiché questi virus possono essere trasmessi attraverso cibo e acqua contaminati o il contatto sessuale. L'epatite B si trasmette anche attraverso il contatto con sangue o fluidi corporei infetti.

Tifo: il tifo è un altro vaccino da prendere in considerazione, soprattutto se hai intenzione di esplorare la cucina locale o visitare aree più rurali dove gli standard igienico-sanitari possono variare.

Encefalite giapponese: se hai intenzione di rimanere a Shanghai per un periodo prolungato o di avventurarti nelle aree rurali, in particolare durante la stagione delle piogge, prendi in considerazione il vaccino contro l'encefalite giapponese, che protegge dalle infezioni trasmesse dalle zanzare.

Rabbia: la rabbia è estremamente rara a Shanghai, ma se hai intenzione di interagire con gli animali, specialmente nelle regioni più remote, potrebbe essere saggio prendere in considerazione questa vaccinazione.

Consigli per la salute:

Sicurezza alimentare e idrica: sii cauto nel consumare cibo di strada e cibi crudi o poco cotti, compresi i frutti di mare. Attieniti a ristoranti affidabili ed evita l'acqua del rubinetto. L'acqua in bottiglia e le bevande sono generalmente sicure.

Igiene delle mani: lavarsi regolarmente le mani con sapone e acqua pulita, soprattutto prima di mangiare. Prendi in considerazione l'idea di portare con te un disinfettante per le mani per le situazioni in cui le strutture per il lavaggio delle mani non sono prontamente disponibili.

Qualità dell'aria: la qualità dell'aria di Shanghai può variare, quindi è consigliabile controllare i rapporti giornalieri sulla qualità dell'aria. Nei giorni con alti livelli di inquinamento, limita le attività all'aperto, soprattutto se hai problemi respiratori.

Protezione dalle zanzare: Shanghai ha una stagione di zanzare e alcune aree possono essere soggette a malattie trasmesse dalle zanzare. Usa un repellente per zanzare e prendi in considerazione l'idea di indossare abiti a maniche lunghe la sera.

Assicurazione di viaggio: assicurati di avere un'assicurazione di viaggio completa, inclusa la copertura per le emergenze mediche. Controlla se la tua assicurazione copre potenziali spese legate al COVID-19 o altri problemi di salute imprevisti.

Strutture mediche: Shanghai dispone di moderne strutture mediche e cliniche con personale che parla inglese. Cerca e tieni a portata di mano un elenco di ospedali e cliniche locali in caso di emergenza.

Farmaci da prescrizione: se assumi farmaci da prescrizione, assicurati di avere una scorta adeguata per il tuo viaggio. Porta con te una copia della tua prescrizione e dei farmaci nella loro confezione originale per evitare problemi con la dogana.

Precauzioni COVID-19: tieniti aggiornato sulle ultime restrizioni di viaggio e sui protocolli sanitari relativi al COVID-19, che possono includere requisiti di test e mandati di mascherine.

Protezione solare: Shanghai può essere illuminata intensamente dal sole, quindi porta con te una protezione solare come crema solare, occhiali da sole e un cappello per proteggerti dai dannosi raggi UV.

Sicurezza e igiene: Shanghai è una città generalmente sicura, ma è sempre consigliabile prestare attenzione e prestare attenzione a ciò che ti circonda. Praticare una buona igiene personale e rispettare le usanze e le normative locali.

Ricorda che le raccomandazioni sulla salute possono cambiare, quindi è una buona idea consultare un operatore sanitario o una clinica di viaggio prima del tuo viaggio a Shanghai. Possono fornire consigli personalizzati in base alla tua storia medica e alle ultime linee guida sanitarie per la tua destinazione.

Prendendo queste precauzioni e rimanendo informati, potrete godervi una visita sicura e salutare a Shanghai, immergendovi nella cultura e nelle attrazioni della città con fiducia.

Valuta e denaro contano

Le questioni valutarie e monetarie sono aspetti essenziali di qualsiasi viaggio a Shanghai, in Cina. Essendo una metropoli vivace, Shanghai offre una gamma di opzioni per gestire le tue finanze, dal cambio valuta ai metodi di pagamento digitali. Ecco una guida completa sulle questioni valutarie e monetarie a Shanghai:

Valuta:

Yuan cinese (CNY): La valuta ufficiale della Cina è il Renminbi, abbreviato in CNY e comunemente indicato come Yuan cinese. È ulteriormente diviso in unità chiamate jiao e fen, con 10 jiao che compongono uno yuan e 10 fen che compongono un jiao. Le banconote e le monete sono ampiamente utilizzate per le transazioni.

Simboli di valuta: Il simbolo dello Yuan cinese è ¥ ed è rappresentato dal codice CNY nei mercati finanziari internazionali.

Cambio valuta:

Servizi di cambio valuta: I servizi di cambio valuta sono ampiamente disponibili a Shanghai. È possibile cambiare valuta estera in Yuan cinese presso aeroporti, hotel, banche e uffici di cambio autorizzati. Le banche in genere offrono tassi di cambio competitivi.

Bancomat: gli sportelli automatici (ATM) sono abbondanti a Shanghai e la maggior parte accetta carte internazionali come Visa, MasterCard e UnionPay. Gli sportelli bancomat sono un modo conveniente per prelevare contanti in valuta locale. Fai attenzione a tutte le commissioni associate che la tua banca potrebbe addebitare per i prelievi bancomat internazionali.

Restrizioni valutarie: non ci sono rigide restrizioni valutarie per i viaggiatori che entrano o escono dalla Cina, ma è necessario essere a conoscenza delle normative doganali. È necessario dichiarare importi superiori a 20.000 CNY (o l'equivalente in valuta estera) quando si entra o si esce dal paese.

Carte di credito e di debito:

Carte di credito: le carte di credito, come Visa e MasterCard, sono ampiamente accettate nei principali stabilimenti, tra cui hotel, ristoranti di lusso e negozi al dettaglio più grandi. Tuttavia, è consigliabile portare con sé contanti per piccoli acquisti e in aree in cui l'accettazione delle carte di credito potrebbe essere limitata.

UnionPay: UnionPay è la rete di pagamento nazionale cinese e la carta più comunemente accettata nel paese. La maggior parte degli sportelli bancomat e dei terminali POS supporta le carte UnionPay, rendendole convenienti per i visitatori.

Pagamenti mobili:

WeChat Pay e Alipay: le app di pagamento mobile, in particolare WeChat Pay e Alipay, sono onnipresenti a Shanghai. Queste app ti consentono di collegare la tua carta di credito e pagare per un'ampia gamma di servizi, dai trasporti ai ristoranti e ai negozi. Si consiglia di scaricare e configurare queste app per una maggiore comodità.

Assegni di viaggio:

Uso in declino: i traveller's cheque sono diventati meno popolari negli ultimi anni e sono spesso difficili da incassare a Shanghai. È consigliabile affidarsi a contanti, carte di credito o app di pagamento mobile per le proprie esigenze finanziarie.

Mance:

Non comune: la mancia non è una pratica comune a Shanghai, soprattutto negli stabilimenti locali. Nei ristoranti e negli hotel di lusso, al conto può essere aggiunta una tassa di servizio. Tuttavia, lasciare una piccola somma in segno di apprezzamento sta diventando sempre più comune nelle zone turistiche.

Budget e costi:

Costo della vita: Shanghai può essere una città costosa da visitare, soprattutto nelle zone turistiche più popolari. I costi per la ristorazione, l'alloggio e l'intrattenimento possono variare notevolmente, quindi è essenziale pianificare il budget di conseguenza.

Riserve di contanti: portare con sé una quantità ragionevole di contanti per piccoli acquisti, trasporti e stabilimenti che potrebbero non accettare carte di credito o pagamenti mobili.

Shanghai è una città in cui puoi gestire comodamente le tue finanze attraverso una combinazione di contanti, carte di credito e app di pagamento mobile. I servizi di cambio valuta sono prontamente disponibili e si possono trovare sportelli bancomat in tutta la città. Familiarizzare con la valuta locale e le opzioni di pagamento garantirà un'esperienza finanziaria fluida e senza stress durante la tua visita in questa vibrante metropoli cinese.

Bolla di accompagnamento

Quando ti prepari per un viaggio a Shanghai, in Cina, fare le valigie con saggezza è fondamentale per assicurarti di essere a tuo agio e ben equipaggiato per la tua visita. Shanghai è una città varia e dinamica e il tempo può variare a seconda della stagione, quindi è essenziale fare le valigie di conseguenza. Ecco una lista completa dei bagagli per Shanghai per aiutarti a sfruttare al meglio il tuo viaggio:

Abbigliamento:

Abbigliamento leggero: Shanghai può essere calda e umida in estate, quindi metti in valigia indumenti leggeri e traspiranti. I capi larghi in tessuti naturali come il cotone sono l'ideale.

Scarpe comode da passeggio: porta scarpe comode da passeggio per esplorare la città. Sandali comodi o scarpe da ginnastica sono scelte eccellenti.

Abbigliamento antipioggia: Shanghai è soggetta a precipitazioni, soprattutto durante la stagione delle piogge. Un ombrello compatto o una giacca impermeabile sono utili.

Abbigliamento a strati: se viaggi durante le stagioni di transizione (primavera e autunno), metti in valigia strati per adattarti alle temperature che cambiano.

Abbigliamento formale: Includi un abbigliamento formale per ristoranti o eventi di lusso se hai intenzione di partecipare.

Abbigliamento modesto: se hai intenzione di visitare templi o altri siti religiosi, assicurati di avere un abbigliamento modesto che copra le spalle e le ginocchia.

Elettronica:

Adattatore di alimentazione: la Cina utilizza spine di tipo A, tipo C e tipo I. Assicurati di portare con te un adattatore di alimentazione adatto se i tuoi dispositivi hanno diversi tipi di spine.

Smartphone e caricabatterie: il tuo smartphone è uno strumento prezioso per navigare in città, quindi non dimenticarlo. Inoltre, metti in valigia un caricabatterie portatile per mantenere i tuoi dispositivi alimentati per tutto il giorno.

Macchina fotografica: se ti piace la fotografia, porta con te la macchina fotografica e gli accessori necessari. Shanghai offre molti luoghi pittoreschi.

Adattatore da viaggio universale: un adattatore universale può essere utile per caricare vari dispositivi, inclusi laptop e batterie per fotocamere.

Elementi essenziali per il viaggio:

Passaporto e visto: assicurati che il tuo passaporto sia valido per almeno sei mesi oltre la data di partenza prevista e porta con te tutti i visti necessari.

Documenti di viaggio: conserva copie stampate o digitali del tuo itinerario, delle prenotazioni alberghiere, dell'assicurazione di viaggio e di tutti i documenti importanti.

Valuta locale: porta con te un po' di Yuan cinese (CNY) in contanti per piccoli acquisti, trasporti e luoghi che non accettano carte.

Carte di credito e di debito: porta con te almeno una o due carte di credito o di debito. Visa e MasterCard sono ampiamente accettate.

Assicurazione di viaggio: assicurati di avere un'assicurazione di viaggio completa che copra le emergenze mediche e altre situazioni impreviste.

Farmaci: se si assumono farmaci da prescrizione, portare con sé una scorta adeguata e una copia della prescrizione.

Articoli da toeletta:

Borsa da toilette: metti in valigia i tuoi articoli da toeletta essenziali, come uno spazzolino da denti, un dentifricio, un sapone, uno shampoo e tutti i prodotti specifici che usi.

Protezione solare: Shanghai può essere soleggiata e i livelli di UV possono essere elevati, quindi proteggi la pelle con la protezione solare.

Repellente per insetti: Anche se la città non è nota per gravi problemi di zanzare, è una buona idea portare con sé un repellente per insetti, soprattutto se hai intenzione di visitare aree più rurali.

Salute e sicurezza:

Kit di pronto soccorso: includi elementi di base come bende adesive, antidolorifici, salviette antisettiche e qualsiasi farmaco specifico di cui potresti aver bisogno.

Mascherine: la qualità dell'aria di Shanghai può variare e indossare una mascherina può aiutare a proteggere i polmoni, soprattutto nei giorni con scarsa qualità dell'aria.

Disinfettante per le mani: porta con te una bottiglietta per l'igiene delle mani in movimento.

Varie:

Zaino da viaggio o zainetto: un piccolo zaino è utile per le gite di un giorno e per trasportare l'essenziale mentre si esplora la città.

Guida linguistica o app: se non parli fluentemente il mandarino, un'app di traduzione o un frasario tascabile possono essere molto utili.

Bottiglia d'acqua riutilizzabile: Prendi in considerazione una bottiglia d'acqua ricaricabile per rimanere idratato e ridurre i rifiuti di plastica.

Serrature da viaggio: usa le serrature da viaggio per proteggere i tuoi bagagli quando necessario.

Intrattenimento: libri, e-reader o altre forme di intrattenimento possono essere preziosi durante i tempi di inattività.

Ricorda che Shanghai è una città moderna, quindi puoi trovare la maggior parte degli articoli che potresti aver dimenticato nei negozi locali, se necessario. L'imballaggio eccessivo può essere ingombrante, quindi cerca un equilibrio tra essenziale e praticità. Con gli articoli sopra elencati, sarai ben preparato per un viaggio piacevole e confortevole a Shanghai.

CAPITOLO 3

CONSIGLI E RISORSE DI VIAGGIO

Suggerimenti per il budget e il risparmio di denaro

Il budget e le strategie di risparmio sono essenziali quando si visita Shanghai, una metropoli vibrante con una vasta gamma di attrazioni, ristoranti ed esperienze. Gestire le tue finanze con saggezza ti aiuterà a sfruttare al meglio il tuo viaggio senza spendere una fortuna. Ecco alcuni consigli per il budget e il risparmio di denaro per la tua visita a Shanghai:

Sistemazione:

Ostelli e pensioni: prendi in considerazione l'idea di soggiornare in ostelli o pensioni economici. Offrono sistemazioni pulite e confortevoli a una frazione del costo degli hotel di lusso.

Hotel di fascia media: Cerca hotel di fascia media che offrano un buon rapporto qualità-prezzo. Molte famose catene alberghiere hanno filiali a Shanghai che si rivolgono ai viaggiatori attenti al budget.

Prenotazione online: utilizza le piattaforme di prenotazione online per confrontare i prezzi e trovare sconti. Prenotare in anticipo può spesso garantire tariffe migliori.

Trasporto:

Trasporto pubblico: Shanghai ha un efficiente sistema di trasporto pubblico che include autobus, metropolitane e tram. Acquista una tessera di trasporto per comodità e risparmio sulle tariffe.

Cammina e vai in bicicletta: esplora la città a piedi o noleggia una bicicletta. Molte attrazioni di Shanghai sono raggiungibili a piedi l'una dall'altra e la bicicletta è un'opzione ecologica e conveniente.

Usa le app di ride-sharing: le app di ride-sharing come Didi sono un modo conveniente per spostarsi in città, spesso più economico dei taxi tradizionali.

Evita le ore di punta: cerca di evitare di viaggiare durante le ore di punta per risparmiare tempo e denaro sui trasporti.

Ristorazione:

Cibo di strada e ristoranti locali: Shanghai è famosa per il suo cibo di strada e i ristoranti locali, che servono pasti deliziosi ed economici. Non perdete l'occasione di provare piatti come gli xiaolongbao (gnocchi di zuppa) e le frittelle di scalogno dei venditori ambulanti.

Ristoranti Hole-in-the-Wall: esplora i piccoli ristoranti locali, noti come stabilimenti "hole-in-the-wall", per una cucina cinese autentica e conveniente.

Specialità per il pranzo: molti ristoranti offrono specialità per il pranzo con prezzi più ragionevoli rispetto ai menu per la cena. Approfittane per gustare lo stesso cibo a un costo inferiore.

BYOB: Alcuni ristoranti ti permettono di portare il tuo alcol, il che può farti risparmiare in modo significativo sul conto.

Intrattenimento:

Attrazioni gratuite: Shanghai offre diverse attrazioni gratuite, come il Bund, Piazza del Popolo e vari parchi e giardini. Approfittane per vivere la città senza spendere soldi.

Centri culturali: partecipa a eventi e spettacoli culturali gratuiti o a basso costo in centri come la Shanghai Concert Hall e il Museo di Shanghai.

Carte sconto: prendi in considerazione l'acquisto di carte sconto o pass che offrono tariffe ridotte per più attrazioni. Ne è un esempio la Shanghai Smart Tourist Card.

Acquisti:

Affare nei mercati: quando fai acquisti in mercati come Yuyuan Bazaar, affina le tue capacità di contrattazione. I venditori spesso si aspettano un po' di negoziazione e puoi assicurarti offerte migliori.

Evita le trappole per turisti: fai attenzione ai negozi turistici in zone popolari come Nanjing Road, dove i prezzi potrebbero essere più alti. Cerca i mercati locali e le boutique per offerte migliori.

Rimborsi fiscali: se effettui acquisti sostanziali, ricordati di informarti sul processo di rimborso delle tasse. La Cina offre rimborsi fiscali per i turisti idonei.

Comunicazione:

Wi-Fi gratuito: molti hotel, caffè e luoghi pubblici offrono la connessione Wi-Fi gratuita. Approfitta di queste connessioni per risparmiare sui costi dei dati mobili.

Scheda SIM locale: se hai bisogno di dati mobili, prendi in considerazione l'acquisto di una scheda SIM locale con un piano dati. Di solito sono convenienti e forniscono un accesso a Internet affidabile.

Sicurezza e protezione:

Usa gli sportelli bancomat con saggezza: usa gli sportelli bancomat in luoghi ben illuminati e sicuri, come filiali bancarie o centri commerciali, per evitare potenziali truffe o card skimming.

Proteggi gli oggetti di valore: tieni al sicuro i tuoi effetti personali, soprattutto in luoghi affollati, per prevenire i furti.

Ricorda che creare un budget e rispettarlo è la chiave per goderti il viaggio senza spendere troppo. Pianificare in anticipo e ricercare opzioni economiche ti aiuterà a sfruttare al meglio la tua visita a Shanghai tenendo sotto controllo le tue finanze.

Agenzie di Viaggio e Tour

Le agenzie di viaggio e i tour possono migliorare notevolmente la tua esperienza quando visiti Shanghai, una delle città più vivaci e cosmopolite della Cina. Shanghai offre una miriade di attrazioni e avere una guida esperta o un tour organizzato può aiutarti a navigare in questa vivace metropoli in modo più efficiente, massimizzando al contempo le tue intuizioni culturali e storiche. Ecco una guida alle agenzie di viaggio e ai tour a Shanghai:

Tipi di tour:

Tour della città: questi tour offrono una panoramica delle attrazioni più iconiche di Shanghai, tra cui il Bund, il Giardino Yu, la Concessione Francese e la Torre delle Perle Orientali.

Tour culturali: immergiti nella cultura locale esplorando i quartieri tradizionali cinesi, visitando i templi e sperimentando le cerimonie del tè cinesi.

Tour gastronomici: Shanghai è rinomata per la sua cucina varia e deliziosa. I tour gastronomici ti portano nei mercati di strada, nei ristoranti locali e nelle bancarelle di cibo per assaporare le delizie culinarie della città.

Tour acquatici: scopri Shanghai dall'acqua facendo una crociera fluviale lungo il fiume Huangpu, che offre una vista spettacolare sullo skyline della città.

Gite di un giorno: esplora le aree circostanti Shanghai, come Suzhou, Hangzhou e le città d'acqua di Zhujiajiao e Zhouzhuang, che offrono uno sguardo sulla cultura tradizionale cinese.

Vantaggi dell'utilizzo di agenzie di viaggio e tour:

Competenza locale: le agenzie di viaggio e le guide turistiche hanno una conoscenza approfondita della città, della sua storia, della sua cultura e delle intuizioni locali. Possono fornire un contesto e arricchire la tua esperienza.

Convenienza: i tour organizzati si occupano della logistica, come il trasporto, i biglietti e la pianificazione. Questo vi permette di rilassarvi e godervi il vostro viaggio senza lo stress di organizzare tutto da soli.

Dinamiche di gruppo: i tour sono un ottimo modo per incontrare altri viaggiatori e condividere esperienze, migliorando la tua interazione sociale durante il viaggio.

Sicurezza: le agenzie di viaggio e i tour organizzati danno la priorità alla tua sicurezza e al tuo benessere. Hanno familiarità con le usanze locali e i potenziali rischi, garantendo un'esperienza sicura e piacevole.

Agenzie di viaggio e tour operator popolari a Shanghai:

Punti salienti della Cina: Questa agenzia offre una vasta gamma di tour, tra cui tour della città, tour culturali e gite di un giorno nelle città vicine. Sono noti per il loro eccellente servizio clienti e gli itinerari personalizzabili.

Viator: Viator offre una varietà di tour ed esperienze a Shanghai, dalle visite guidate ai corsi di cucina e alle crociere fluviali. La loro piattaforma ti consente di prenotare tour con facilità.

Shanghai Pathways: questa agenzia locale è specializzata in tour ed esperienze culturali coinvolgenti. Offrono tour a piedi dei quartieri storici della città, oltre a esperienze artistiche e culinarie.

Intrepid Travel: Intrepid Travel offre tour per piccoli gruppi incentrati su esperienze locali, sostenibilità e viaggi responsabili. Hanno tour di

Shanghai che approfondiscono la cultura e il cibo della città.

Urban Adventures: una filiale di Intrepid Travel, Urban Adventures offre tour più piccoli e intimi con un focus locale. I loro tour di Shanghai includono esperienze gastronomiche e di vita notturna.

Prenotazioni e consigli:

Prenotazione anticipata: Si consiglia di prenotare i tour in anticipo, soprattutto durante l'alta stagione turistica, per assicurarsi il posto.

Leggi le recensioni: prima di prenotare con un'agenzia di viaggi o un tour operator specifico, leggi le recensioni e fai ricerche sulla loro reputazione per assicurarti che soddisfino le tue aspettative.

Personalizzazione: alcune agenzie offrono la flessibilità di personalizzare il tuo tour. Se hai interessi specifici, chiedi informazioni su esperienze su misura.

Fai domande: non esitare a fare domande sul tour, sull'itinerario, sulle dimensioni del gruppo e su ciò che è incluso. La chiarezza è la chiave per un'esperienza soddisfacente.

Assicurazione di viaggio: prendi in considerazione l'acquisto di un'assicurazione di viaggio per proteggerti in caso di circostanze impreviste che potrebbero influire sul tuo tour.

In conclusione, le agenzie di viaggio e i tour a Shanghai possono migliorare significativamente la tua visita fornendo convenienza, esperienza locale e una comprensione più profonda della cultura e della storia della città. Sia che tu preferisca esplorare la scena culinaria della città, i suoi siti storici o i suoi dintorni panoramici, probabilmente c'è un tour che corrisponde ai tuoi interessi e ti aiuta a sfruttare al meglio il tuo tempo in questa eccitante città.

CAPITOLO 4

COME ARRIVARE A SHANGHAI

Voli per Shanghai

I voli per Shanghai, uno dei principali gateway internazionali della Cina, sono prontamente disponibili da varie parti del mondo, rendendola una destinazione accessibile e ben collegata per i viaggiatori. Che tu stia pianificando una visita in questa vivace metropoli per affari o per piacere, conoscere le opzioni di volo, le compagnie aeree, gli aeroporti e i suggerimenti per prenotare i voli per Shanghai può aiutarti a garantire un viaggio tranquillo e piacevole.

Aeroporti di Shanghai:

Aeroporto Internazionale di Shanghai Pudong (PVG): Situato a circa 30 chilometri a est del centro di Shanghai, l'aeroporto internazionale di Pudong è uno dei principali gateway internazionali della città. È l'aeroporto principale per i voli internazionali a lungo raggio e per la maggior parte dei vettori internazionali.

Aeroporto Internazionale di Shanghai Hongqiao (SHA): Situato più vicino al centro della città, l'aeroporto internazionale di Hongqiao serve principalmente voli nazionali e regionali. Tuttavia, offre anche servizi internazionali limitati, soprattutto verso le vicine destinazioni asiatiche.

Compagnie aeree e connettività:

Shanghai è un importante hub per i viaggi aerei in Asia, con una vasta gamma di compagnie aeree che offrono voli da e per la città. Alcune delle principali compagnie aeree e alleanze che servono Shanghai includono:

China Eastern Airlines: Essendo uno dei più grandi vettori della Cina, China Eastern offre ampi collegamenti nazionali e internazionali per Shanghai.

Air China: Un altro importante vettore cinese, Air China, opera numerose rotte da e per Shanghai, compresi i voli internazionali a lungo raggio.

China Southern Airlines: China Southern si concentra sul collegamento della città con destinazioni nel sud-est asiatico, in Australia e in altre località internazionali.

Shanghai Airlines: una sussidiaria di China Eastern, Shanghai Airlines si concentra sulle rotte nazionali e su alcuni voli internazionali regionali.

Cathay Pacific: Cathay Pacific, una compagnia aerea con sede a Hong Kong, offre comodi collegamenti per Shanghai da varie destinazioni internazionali.

Emirates: Emirates, la compagnia aerea Emirates, con sede a Dubai, offre voli per Shanghai, collegando la città con destinazioni in Medio Oriente e oltre.

Singapore Airlines: Singapore Airlines offre voli da Singapore a Shanghai, fungendo da gateway per i viaggiatori provenienti dalla regione del sud-est asiatico.

Delta Air Lines e United Airlines: questi vettori americani offrono opzioni per i viaggiatori provenienti dagli Stati Uniti che cercano voli diretti per Shanghai.

Prenotazione voli:

Quando prenoti un volo per Shanghai, prendi in considerazione i seguenti suggerimenti per assicurarti le migliori opzioni e prezzi:

Flessibilità: se le date del tuo viaggio sono flessibili, potresti trovare tariffe più convenienti. Le compagnie aeree offrono spesso biglietti più economici per le partenze infrasettimanali e le stagioni non di punta.

Prenotare in anticipo: anche se a volte è possibile trovare offerte dell'ultimo minuto, prenotare il volo con largo anticipo spesso si traduce in prezzi migliori e più opzioni disponibili.

Siti di confronto: utilizza siti Web e piattaforme di comparazione dei voli online per confrontare più compagnie aeree e le loro tariffe, consentendoti di trovare l'offerta migliore per le tue esigenze.

Siti Web ufficiali delle compagnie aeree: Dopo aver confrontato i prezzi su siti Web di terze parti, visita i siti Web ufficiali delle compagnie aeree che ti interessano. A volte, le compagnie aeree offrono offerte esclusive.

Considera gli aeroporti vicini: se hai flessibilità nei tuoi piani di viaggio, controlla i prezzi negli aeroporti vicini nella tua città di partenza. È possibile trovare tariffe migliori utilizzando gli aeroporti a una distanza ragionevole.

Programmi fedeltà: se viaggi spesso, prendi in considerazione l'idea di iscriverti al programma fedeltà di una compagnia aerea per accumulare miglia e godere di vantaggi come upgrade del posto e imbarco prioritario.

Requisiti per il visto e l'ingresso:

Assicurati di essere a conoscenza dei requisiti relativi al visto e all'ingresso per la Cina prima di prenotare il tuo volo per Shanghai. A seconda della tua nazionalità e dello scopo della tua visita, potresti aver bisogno di un visto o qualificarti per il transito senza visto. È fondamentale avere i documenti necessari per entrare nel paese.

I voli per Shanghai sono prontamente disponibili da varie destinazioni in tutto il mondo, offrendo una vasta gamma di opzioni per i viaggiatori. Pianificando attentamente il tuo volo, considerando le compagnie aeree, gli aeroporti e i suggerimenti per la prenotazione, puoi assicurarti un viaggio comodo ed economico in questa vibrante città cinese.

Trasporto via terra

Il trasporto via terra a Shanghai da un'altra città o paese offre una varietà di opzioni, soddisfacendo le diverse preferenze e budget dei viaggiatori. Shanghai, una delle città più dinamiche e cosmopolite della Cina, è ben collegata da strade, ferrovie e persino acqua. Ecco una guida completa alle varie opzioni di trasporto via terra per raggiungere Shanghai:

Viaggio in treno:

Ferrovia ad alta velocità: la Cina vanta una vasta rete ferroviaria ad alta velocità e Shanghai è uno dei principali hub di questo sistema. I treni ad alta velocità, come i treni Maglev di Shanghai e la serie G, possono portare i viaggiatori in città dalle principali destinazioni vicine, tra cui Pechino e

Hangzhou, in poche ore. La rete ferroviaria ad alta velocità è nota per la sua efficienza e il suo comfort, che la rendono una scelta popolare per i viaggi interurbani.

Treni a lunga percorrenza: per coloro che provengono da città più lontane all'interno della Cina o da paesi vicini come Russia, Mongolia o Corea del Nord, i treni a lunga percorrenza offrono un'altra opzione ferroviaria. Questi treni offrono scompartimenti letto e sono un modo economico per viaggiare a Shanghai via terra.

Viaggio in autobus:

Autobus interurbani: la vasta rete di autostrade della Cina collega Shanghai alle città vicine. Gli autobus interurbani sono un'opzione conveniente per viaggiare a Shanghai dalle regioni circostanti. Questi autobus sono in genere confortevoli e ben tenuti.

Autobus transfrontalieri: alcuni viaggiatori optano per gli autobus transfrontalieri, che possono portarli a Shanghai dalle città dei paesi vicini, come Hong Kong o Macao. Si tratta di un viaggio più lungo, che spesso comporta l'attraversamento della frontiera, ma può essere un'avventura per coloro che preferiscono la strada meno battuta.

Viaggio in auto:

Self-Drive: i viaggiatori che preferiscono l'indipendenza e la flessibilità possono scegliere di noleggiare un'auto e guidare fino a Shanghai. Tuttavia, tieni presente che guidare in Cina può essere difficile a causa delle barriere linguistiche, delle regole del traffico sconosciute e delle condizioni stradali.

Servizi di ridesharing e carpooling: in Cina, i servizi di ridesharing come Didi e le opzioni di carpooling sono ampiamente disponibili. Questi servizi offrono un modo conveniente per condividere le corse o assumere autisti privati per i viaggi interurbani.

Viaggio sull'acqua:

Traghetti: Shanghai si trova lungo la costa e ci sono servizi di traghetti che collegano la città a vari porti dell'Asia, tra cui Giappone e Corea del Sud. I traghetti offrono un mezzo di trasporto via terra alternativo a Shanghai per coloro che preferiscono un'avventura nautica.

Navi da crociera: per i viaggiatori che arrivano da località internazionali più lontane, le navi da crociera spesso attraccano al porto di Shanghai, offrendo un punto di ingresso alternativo alla città.

Requisiti per il visto e l'ingresso:

Prima di intraprendere il tuo viaggio via terra a Shanghai, assicurati di avere i visti e i permessi di ingresso necessari. A seconda della nazionalità e del mezzo di trasporto, i requisiti per il visto possono variare. Verifica i requisiti specifici per l'ingresso con il consolato o l'ambasciata cinese nel tuo paese d'origine.

Pianificazione e prenotazioni:

Quando prendi in considerazione il trasporto via terra a Shanghai, prenota la modalità di viaggio scelta con largo anticipo, soprattutto durante l'alta stagione. In questo modo avrai la certezza di avere un posto a sedere o un biglietto assicurato per il tuo viaggio. Inoltre, cerca fornitori di servizi di trasporto e scegli aziende affidabili con recensioni positive.

Shanghai è una città ben collegata con molteplici opzioni per il trasporto via terra da altre città e paesi. Sia che tu preferisca la velocità e il comfort dei treni ad alta velocità, l'economicità degli autobus interurbani, l'avventura dei treni a lunga percorrenza o la flessibilità della guida autonoma, Shanghai è accessibile con vari mezzi. Pianifica attentamente il tuo viaggio, considerando le tue esigenze specifiche e gli eventuali requisiti di visto o sanitari, per assicurarti un viaggio tranquillo e piacevole in questa dinamica metropoli cinese.

Assicurazione di viaggio

L'assicurazione di viaggio è un aspetto cruciale della pianificazione del viaggio quando si visita Shanghai, in Cina o in qualsiasi altra destinazione internazionale. Fornisce protezione finanziaria e tranquillità, aiutandoti ad affrontare eventi imprevisti durante il tuo viaggio. Ecco una guida completa all'assicurazione di viaggio a Shanghai, che include perché ne hai bisogno, cosa copre e come scegliere la polizza giusta.

Perché hai bisogno di un'assicurazione di viaggio a Shanghai:

Emergenze mediche: l'assicurazione di viaggio può coprire le spese mediche in caso di malattia o infortunio durante il viaggio. A Shanghai è disponibile un'assistenza sanitaria di qualità, ma i costi possono essere elevati e la tua normale assicurazione sanitaria potrebbe non fornire copertura all'estero.

Annullamento e interruzione del viaggio: se il tuo viaggio viene interrotto a causa di eventi imprevisti come un'emergenza familiare, un disastro naturale o disordini politici, l'assicurazione di viaggio può rimborsarti le spese non rimborsabili come voli e alloggi.

Bagagli smarriti o in ritardo: l'assicurazione di viaggio in genere include la copertura per bagagli smarriti, rubati o in ritardo. Questo ti aiuta a recuperare il valore dei tuoi effetti personali.

Ritardi di viaggio: se si verificano ritardi a causa di condizioni meteorologiche, scioperi o altre circostanze impreviste, l'assicurazione può coprire spese aggiuntive come alloggio e pasti.

Evacuazione di emergenza: in rari casi, se un'emergenza medica richiede l'evacuazione o il rimpatrio, l'assicurazione di viaggio può fornire copertura.

Responsabilità personale: in caso di danni accidentali alla proprietà o lesioni a qualcuno, l'assicurazione di viaggio può offrire una copertura di responsabilità civile.

Documenti rubati o smarriti: in caso di smarrimento o furto del passaporto, della carta d'identità o di documenti di viaggio importanti, l'assicurazione può aiutare a coprire i costi di sostituzione.

Cosa copre l'assicurazione di viaggio:

La copertura fornita dalle polizze assicurative di viaggio può variare, ma la maggior parte delle polizze standard include quanto segue:

Cure mediche e dentistiche di emergenza: copertura delle spese mediche e dentistiche necessarie durante il viaggio.

Annullamento e interruzione del viaggio: rimborso delle spese non rimborsabili nel caso in cui sia necessario annullare o interrompere il viaggio.

Bagagli ed effetti personali: risarcimento per bagagli e oggetti personali smarriti, rubati o danneggiati.

Ritardi di viaggio e coincidenze perse: copertura per le spese aggiuntive causate da ritardi di viaggio e coincidenze perse.

Evacuazione di emergenza e rimpatrio: copertura dei costi di evacuazione in caso di emergenza medica o disordini politici.

Responsabilità personale: protezione in caso di lesioni accidentali a qualcuno o danni alla proprietà.

Morte accidentale e smembramento: pagamento forfettario ai beneficiari in caso di morte accidentale o lesioni gravi durante il viaggio.

Scegliere la polizza giusta:

Quando scegli una polizza assicurativa di viaggio per il tuo viaggio a Shanghai, considera i seguenti fattori:

Limiti di copertura: assicurati che i limiti di copertura soddisfino le tue esigenze, in particolare per le spese mediche e l'annullamento del viaggio.

Condizioni preesistenti: alcune polizze escludono condizioni mediche preesistenti. Se soffri di una condizione del genere, cerca una polizza che la copra.

Attività e sport: se hai intenzione di dedicarti ad attività o sport specifici a Shanghai, assicurati che siano coperti dalla tua polizza.

Motociclisti aggiuntivi: prendi in considerazione una copertura aggiuntiva per oggetti di valore come dispositivi elettronici o costose attrezzature fotografiche.

Copertura del fornitore di viaggi: alcune compagnie aeree e carte di credito offrono un'assicurazione di viaggio gratuita. Controlla se sei già coperto prima di acquistare una polizza.

Avviso di viaggio e rischio della destinazione: tieniti informato su eventuali avvisi di viaggio o rischi associati alla tua destinazione. Alcune norme possono avere esclusioni basate su avvisi governativi.

Procedura di reclamo: comprendi il processo di presentazione di un reclamo e assicurati che sia semplice ed efficiente.

Recensioni e reputazione: fai una ricerca sulla reputazione della compagnia assicurativa e leggi le recensioni di altri viaggiatori che hanno presentato reclami.

L'assicurazione di viaggio è una componente essenziale della pianificazione responsabile del viaggio e può garantire la massima tranquillità durante la tua visita a Shanghai. Valutando attentamente le tue esigenze, scegliendo la polizza giusta e comprendendo i termini e le condizioni, puoi goderti il tuo viaggio con la certezza di essere finanziariamente protetto in caso di eventi imprevisti.

CAPITOLO 5

ALLOGGIO

Hotel e Resort

Shanghai ospita una vasta gamma di hotel e resort che soddisfano varie preferenze e budget. Che tu stia cercando lusso, comfort o convenienza, troverai un posto adatto in cui soggiornare in questa dinamica città cinese. Ecco alcuni hotel e resort a Shanghai, insieme alle loro posizioni:

The Ritz-Carlton Shanghai, Pudong: questo lussuoso hotel offre una vista mozzafiato sul Bund e sul fiume Huangpu. È noto per le sue camere eleganti, la cucina raffinata e il servizio impeccabile.

Località: Distretto finanziario di Lujiazui, Pudong

JW Marriott Hotel Shanghai at Tomorrow Square: Situato nel cuore di Shanghai, questo hotel Marriott è noto per la sua posizione centrale, le camere ben arredate e gli eccellenti punti ristoro.

Luogo: Piazza del Popolo, Huangpu

The Langham, Shanghai, Xintiandi: questo elegante hotel si trova a pochi passi dalla zona alla moda di Xintiandi, che offre boutique, ristoranti e divertimenti. Dispone di un tranquillo centro benessere e di ristoranti di lusso.

Località: Xintiandi, Huangpu

Fairmont Peace Hotel: ospitato in un edificio storico, il Fairmont Peace Hotel offre una miscela di fascino antico e lusso moderno. Vanta una vista iconica sul Bund e sul classico Jazz Bar.

Ubicazione: Il Bund, Huangpu

The Peninsula Shanghai: Con una posizione privilegiata lungo il Bund, The Peninsula offre camere squisite, ristoranti stellati Michelin e uno splendido bar sul tetto.

Ubicazione: Il Bund, Huangpu

Puli Hotel and Spa: Immerso nel quartiere di Jing'an, Puli è un'oasi urbana nota per la sua atmosfera serena, gli splendidi giardini e un centro benessere di alto livello.

Ubicazione: Distretto di Jing'an

Kerry Hotel Pudong, Shanghai: il Kerry Hotel offre servizi moderni, tra cui un bar panoramico con un'incredibile vista sullo skyline e la vicinanza al nuovo centro espositivo internazionale di Shanghai.

Ubicazione: Pudong

InterContinental Shanghai Wonderland: Conosciuto come il "Quarry Hotel", è costruito in una cava abbandonata e vanta un'architettura unica, con alcune camere immerse nell'acqua. È un'esperienza distintiva e lussuosa.

Ubicazione: Distretto di Songjiang

W Shanghai - The Bund: W Shanghai è un hotel alla moda e vivace con uno splendido bar sul tetto e una fantastica vista sul Bund. È perfetto per chi cerca un'atmosfera elegante e vivace.

Ubicazione: Il Bund, Huangpu

Grand Central Hotel Shanghai: Situato su Nanjing Road, il Grand Central è noto per la sua eleganza classica e il comodo accesso a negozi, ristoranti e divertimenti.

Posizione: Nanjing Road, Huangpu

Questi hotel e resort di Shanghai offrono una vasta gamma di esperienze, dal lusso tradizionale al design moderno, dalla comodità del centro città a fughe più serene e ispirate alla natura. A seconda delle tue preferenze e del tuo budget, puoi trovare la sistemazione perfetta per rendere il tuo soggiorno a Shanghai confortevole e memorabile. Ognuna di queste opzioni offre servizi ed esperienze uniche che miglioreranno la tua visita a questa vibrante città.

Vacanze

Le case vacanze a Shanghai offrono un'alternativa confortevole e accogliente agli hotel tradizionali, permettendoti di vivere la città come un abitante del luogo. Che tu stia viaggiando con la famiglia, con gli amici o in un'avventura da solo, le case vacanze offrono una vasta gamma di opzioni per soddisfare le tue esigenze. Ecco alcune case vacanza a Shanghai, ognuna con la sua posizione:

Appartamento moderno nel quartiere di Jing'an: questo appartamento contemporaneo si trova in un quartiere alla moda, vicino al Tempio di Jing'an e a West Nanjing Road. È perfetto per chi vuole esplorare lo shopping e la vita notturna della città.

Ubicazione: Distretto di Jing'an

Elegante villa in concessione francese: questa affascinante villa offre un assaggio della vecchia Shanghai nella storica zona della concessione francese. Passeggia per i viali alberati , visita i caffè locali ed esplora i parchi vicini.

Ubicazione: Concessione francese, Xuhui

Riverside Loft con vista: questo loft offre una vista mozzafiato sul fiume Huangpu e sull'iconico skyline del Bund. Si trova a pochi passi dalle attrazioni più famose della città.

Ubicazione: Il Bund, Huangpu

Appartamento per famiglie a Pudong: Ideale per le famiglie, questo spazioso appartamento si trova nella moderna zona di Pudong e offre un facile accesso alle attrazioni per famiglie, come Shanghai Disneyland.

Ubicazione: Pudong

Vintage Lane House a Xintiandi: soggiorna in una casa vintage restaurata nel cuore di Xintiandi, nota per il suo fascino storico, i ristoranti e le opzioni per lo shopping.

Località: Xintiandi, Huangpu

Loft moderno a Lujiazui: questo elegante loft è perfetto per i viaggiatori d'affari e per coloro che vogliono essere vicini al quartiere finanziario e agli iconici grattacieli della città.

Località: Distretto finanziario di Lujiazui, Pudong

Studio artistico nel M50 Art District: Immergiti nella scena artistica di Shanghai soggiornando in questo monolocale vicino a M50, un centro per l'arte contemporanea e gli spazi creativi.

Posizione: M50 Art District, Putuo

Rifugio in campagna sull'isola di Chongming: fuggi dalla città e soggiorna in un rifugio di campagna sull'isola di Chongming, una fuga tranquilla e verde dal trambusto urbano.

Ubicazione: Isola di Chongming

Historic Shikumen House a Qibao: Vivi il fascino della vecchia Shanghai soggiornando in una casa tradizionale Shikumen nella storica zona di Qibao. È perfetto per gli appassionati di storia.

Ubicazione: Città antica di Qibao, Minhang

Lussuoso attico in Piazza del Popolo: questo lussuoso attico offre servizi di lusso e una posizione centrale vicino a Piazza del Popolo, che lo rende la scelta ideale per chi cerca comfort e convenienza.

Luogo: Piazza del Popolo, Huangpu

Ognuna di queste case vacanza offre un'esperienza unica, sia che tu stia cercando una fuga storica nella Concessione Francese, una moderna avventura urbana a Pudong o un rifugio tranquillo sull'isola di Chongming. Le case vacanze a Shanghai offrono la flessibilità e il comfort di una casa lontano da casa, permettendoti di personalizzare il tuo soggiorno in base alle tue preferenze e creare ricordi duraturi del tuo tempo in questa città dinamica.

Ostelli e pensioni

Gli ostelli e le pensioni a Shanghai offrono opzioni di alloggio economiche per i viaggiatori che desiderano esplorare la città senza spendere una fortuna. Queste strutture offrono un'atmosfera confortevole e sociale, rendendole ideali per backpackers, avventurieri solitari e coloro che cercano un'esperienza di viaggio più comune. Ecco alcuni ostelli e pensioni a Shanghai, ognuno con la sua posizione:

Mingtown Nanjing Road Youth Hostel: Situato vicino a Nanjing Road, questo ostello è l'ideale per i viaggiatori attenti al budget che vogliono esplorare lo shopping e la vita notturna della città.

Ubicazione: Distretto di Jing'an

Blue Mountain Bund Youth Hostel: questo ostello offre sistemazioni a prezzi accessibili con vista sull'iconico skyline del Bund. Si trova a pochi passi da molte delle famose attrazioni di Shanghai.

Ubicazione: Il Bund, Huangpu

Shanghai Blue Mountain Youth Hostel (Hongqiao): Situato vicino all'aeroporto nazionale di Shanghai e al centro dei trasporti, questo ostello è comodo per i viaggiatori con voli o mezzi di trasporto anticipati.

Ubicazione: Hongqiao

Le Tour Traveler's Rest Youth Hostel: soggiorna nel cuore della storica Concessione Francese, una zona vivace con una ricca storia, ottimo cibo e strade affascinanti.

Ubicazione: Concessione francese, Xuhui

Mingtown Etour Youth Hostel: Ideale per i viaggiatori d'affari e di piacere, questo ostello si trova vicino al quartiere finanziario della città e ai moderni grattacieli.

Località: Distretto finanziario di Lujiazui, Pudong

Rock and Wood Hostel: Questo ostello accogliente e artistico offre un'atmosfera unica e accogliente nel quartiere alla moda di Jing'an.

Ubicazione: Distretto di Jing'an

The Phoenix Hostel Shanghai: Soggiorna nel cuore di Shanghai, vicino a Piazza del Popolo e a pochi passi da attrazioni culturali come il Museo di Shanghai.

Luogo: Piazza del Popolo, Huangpu

Mingtown Hiker International Youth Hostel: Situato in una zona più tranquilla, questo ostello è perfetto per i viaggiatori che cercano un ambiente più tranquillo, pur essendo ben collegato al centro della città.

Ubicazione: Putuo

Shanghai Soho International Youth Hostel: goditi un'atmosfera sociale, eventi e un facile accesso ai negozi e ai ristoranti della città di Jing'an.

Ubicazione: Distretto di Jing'an

Blue Mountain Hostel Shanghai: Situato nel cuore della città, questo ostello offre sistemazioni economiche vicino a famosi punti di riferimento come il Bund.

Ubicazione: Huangpu

Questi ostelli e pensioni a Shanghai non solo offrono alloggi a prezzi accessibili, ma offrono anche l'opportunità di incontrare altri viaggiatori, scambiare esperienze e creare ricordi duraturi. Con sedi che si estendono in vari quartieri della città, puoi scegliere quella che meglio si adatta ai tuoi interessi e al tuo itinerario. Sia che tu sia interessato a esplorare quartieri storici come la Concessione Francese o ad essere nel bel mezzo della modernità a Pudong, gli ostelli e le pensioni di Shanghai ti coprono.

Suggerimenti per la prenotazione dell'alloggio

Prenotare l'alloggio giusto è una parte cruciale della pianificazione del tuo viaggio a Shanghai, una metropoli vivace con diversi quartieri e opzioni per tutte le tasche. Per garantire un soggiorno confortevole e piacevole, prendi in considerazione i seguenti suggerimenti per la prenotazione di un alloggio quando pianifichi la tua visita a Shanghai:

Pianifica in anticipo: Pianificare con largo anticipo è essenziale, soprattutto se viaggi durante l'alta stagione turistica o per eventi speciali. La popolarità di Shanghai significa che gli alloggi possono riempirsi rapidamente, quindi prenotare in anticipo può assicurarti la scelta preferita.

Considera il tuo budget: determina il tuo budget per l'alloggio. Shanghai offre una vasta gamma di opzioni, dagli hotel di lusso agli ostelli e pensioni economici. Avere un budget in mente ti aiuterà a restringere le tue scelte.

Posizione, posizione, posizione: scegli il tuo alloggio in base alle aree che intendi esplorare. Shanghai è vasta, quindi prendi in considerazione l'idea di soggiornare in quartieri come il Bund per il fascino storico, Jing'an per lo shopping e la vita notturna o Pudong per i grattacieli moderni. Cerca i quartieri per trovarne uno adatto ai tuoi interessi.

Usa le piattaforme di prenotazione: utilizza le piattaforme di prenotazione più popolari come Booking.com, Expedia, Airbnb o Agoda per confrontare i prezzi, leggere le recensioni e trovare le migliori offerte. Queste piattaforme offrono spesso sconti e programmi fedeltà.

Leggi le recensioni: prenditi il tempo per leggere le recensioni degli ospiti precedenti. Questi possono fornire informazioni sulla qualità del servizio, sulla pulizia e su altri fattori che possono influire sul tuo soggiorno.

Politiche di cancellazione: Presta attenzione alle politiche di cancellazione al momento della prenotazione. Alcune strutture offrono opzioni di cancellazione flessibili, mentre altre hanno politiche rigorose. Assicurati che i termini siano in linea con i tuoi piani di viaggio.

Considera le catene alberghiere: le catene alberghiere internazionali spesso mantengono elevati standard di servizio. Se preferisci un'esperienza affidabile e coerente, prendi in considerazione l'idea di soggiornare presso note catene alberghiere con sedi a Shanghai.

Contatta direttamente la struttura ricettiva: se hai esigenze specifiche o hai bisogno di chiarire i dettagli del tuo soggiorno, contatta direttamente la struttura ricettiva. Possono rispondere a domande e fornire informazioni che potrebbero non essere disponibili sui siti web di prenotazione.

Programmi fedeltà e abbonamenti: unisciti ai programmi fedeltà per hotel o piattaforme di prenotazione. Questi programmi possono offrire sconti, upgrade di camera e altri vantaggi, soprattutto se sei un viaggiatore frequente.

Verifica la presenza di inclusioni: assicurati di aver compreso cosa è incluso nella tua prenotazione. Alcuni hotel offrono colazione gratuita, trasferimenti aeroportuali o Wi-Fi, mentre altri potrebbero addebitare un supplemento per questi servizi.

Avvisi di viaggio e linee guida sanitarie: tieniti informato su eventuali avvisi di viaggio, requisiti di ingresso e linee guida sanitarie relative al tuo soggiorno a Shanghai. Questi possono influire sulle tue scelte di alloggio e sulla tua capacità di usufruire di determinati servizi.

Richieste speciali: se hai richieste speciali, come un tipo di camera specifico, una vista o una preferenza per la biancheria da letto, chiariscile durante il processo di prenotazione o quando contatti direttamente la struttura.

Metodi di pagamento: Siate consapevoli dei metodi di pagamento accettati presso l'alloggio scelto. Le carte di credito sono ampiamente accettate, ma è una buona idea avere a portata di mano la valuta locale per eventuali spese accessorie.

Opzioni di alloggio uniche: prendi in considerazione opzioni di alloggio uniche a Shanghai, come soggiornare in una casa tradizionale in un vicolo o in una pensione in un quartiere storico per un'esperienza più coinvolgente.

Seguendo questi consigli, potrete prenotare l'alloggio ideale per il vostro soggiorno a Shanghai. Che tu stia cercando lusso, convenienza o un'opzione economica, la città offre una vasta gamma di scelte per assicurarti una visita confortevole e memorabile.

Budget per l'alloggio

Il budget per l'alloggio a Shanghai è un aspetto importante della pianificazione del tuo viaggio in questa vibrante città cinese. Sebbene Shanghai offra una vasta gamma di opzioni di alloggio, dagli hotel di lusso agli ostelli a prezzi accessibili, è fondamentale comprendere il proprio budget e trovare il giusto equilibrio tra comfort, posizione e costi. Ecco alcuni suggerimenti e approfondimenti per aiutarti a pianificare il budget per l'alloggio a Shanghai:

Determina il tuo budget: inizia impostando un budget chiaro per le tue spese di alloggio. Considera quanto sei disposto a spendere per notte e per tutta la durata del tuo soggiorno. Un budget realistico ti aiuterà a restringere le tue opzioni ed evitare spese eccessive.

Considera le tue priorità: pensa a ciò che conta di più per te in termini di alloggio. Sei disposto a concederti il lusso di un hotel di lusso? O preferisci destinare una parte maggiore del tuo budget a esperienze, ristoranti e shopping? Le tue priorità influenzeranno le tue scelte di alloggio.

Tipi di alloggio: Shanghai offre vari tipi di alloggio per soddisfare diversi budget:

- Hotel di lusso: offrono il massimo livello di comfort e servizi, ma hanno un prezzo premium.
- Hotel di fascia media: è possibile trovare hotel confortevoli e ben posizionati che offrono un buon equilibrio tra qualità e costo.
- Ostelli e pensioni: chi viaggia con un budget limitato può optare per ostelli e pensioni, che offrono opzioni di alloggio convenienti e sociali.
- Affitti a breve termine: piattaforme come Airbnb offrono la possibilità di affittare appartamenti o stanze in residence locali. Questa opzione è spesso conveniente per soggiorni più lunghi.

La posizione è importante: la posizione del tuo alloggio influisce sia sul costo che sulla convenienza del tuo soggiorno. A Shanghai, le aree centrali come il Bund, Jing'an e Piazza del Popolo tendono ad avere prezzi degli alloggi più alti. Prendi in considerazione l'idea di stare un po' più lontano dal centro città, poiché spesso puoi trovare opzioni economiche con buoni collegamenti di trasporto.

Prenotare in anticipo: Prenotare l'alloggio con largo anticipo può portare a un risparmio sui costi. Le prenotazioni anticipate spesso comportano sconti e più scelte, soprattutto durante l'alta stagione turistica.

Pianifica la tua visita: viaggiare durante le stagioni non di punta può comportare tariffe di alloggio più basse. L'alta stagione di Shanghai cade in genere durante la primavera e l'autunno, quando il clima è più piacevole. Se sei flessibile con le date del tuo viaggio, prendi in considerazione l'idea di visitarla durante la bassa stagione o in inverno.

Confronta prezzi e offerte: utilizza varie piattaforme di prenotazione e siti Web per confrontare i prezzi, leggere le recensioni e approfittare di promozioni e offerte speciali. Diverse piattaforme possono offrire sconti o offerte esclusive per determinati alloggi.

Inclusioni per l'alloggio: considera cosa è incluso nel prezzo dell'alloggio. Alcuni hotel offrono la colazione gratuita, Wi-Fi o trasferimenti aeroportuali. Anche se queste inclusioni possono sembrare piccole, possono portare a risparmi significativi nel corso del soggiorno.

Costi nascosti: tieni d'occhio eventuali costi aggiuntivi come tasse, commissioni di servizio o depositi cauzionali. Comprendere questi costi in anticipo ti aiuterà a pianificare il budget in modo più accurato.

Negozia per soggiorni più lunghi: se stai pianificando un soggiorno prolungato a Shanghai, prendi in considerazione la possibilità di negoziare con l'alloggio che hai scelto per una tariffa migliore. Molti hotel e host di affitti a breve termine sono disposti a offrire sconti per prenotazioni più lunghe.

Opzioni locali: se hai un budget limitato, potresti esplorare opzioni più locali, come piccole pensioni o locande locali. Questi possono fornire esperienze uniche e convenienti.

Sii aperto alle alternative: non aver paura di pensare fuori dagli schemi. Alcuni viaggiatori optano per opzioni uniche come soggiornare in un tradizionale cortile cinese o persino scambiare il lavoro con l'alloggio attraverso piattaforme come Workaway.

Pianificando attentamente il budget per l'alloggio a Shanghai, potrete godervi il vostro viaggio senza sentirvi sopraffatti dalle spese. Che tu scelga un hotel di lusso o un'accogliente pensione, pianificare in anticipo e prendere decisioni informate ti aiuterà a trovare un alloggio adatto sia al tuo budget che alle tue preferenze.

CAPITOLO 6

TRASPORTO LOCALE

Taxi e Ride-Sharing

I taxi e i servizi di ride-sharing sono parte integrante del sistema di trasporto di Shanghai, fornendo opzioni convenienti e affidabili per spostarsi in città. Che tu sia un turista o un residente, capire come utilizzare questi servizi a Shanghai può migliorare la tua mobilità e l'esperienza di viaggio complessiva. Ecco una guida completa ai taxi e al ride-sharing a Shanghai:

Taxi a Shanghai:

Tipi di taxi: Shanghai ha diversi tipi di taxi, ognuno con strutture tariffarie e caratteristiche diverse. I tipi più comuni sono i taxi blu standard e i taxi dorati più esclusivi. I taxi d'oro sono spesso più comodi e spaziosi, ma hanno un costo leggermente più alto.

Colori dei taxi: A Shanghai, i taxi sono disponibili in vari colori, tra cui blu, oro e verde. Ogni colore rappresenta diverse compagnie di taxi. I taxi blu sono i più comuni, mentre i taxi verdi sono solitamente per veicoli elettrici. I taxi d'oro, come accennato in precedenza, sono considerati premium.

Flagfall e tariffe: i taxi a Shanghai addebitano una bandiera iniziale, seguita da costi aggiuntivi in base alla distanza percorsa. La bandiera per i taxi blu è in genere di circa ¥ 14, mentre i taxi d'oro potrebbero iniziare a una tariffa leggermente più alta. La tariffa chilometrica è più alta anche per i taxi d'oro.

App per taxi: molti taxi di Shanghai sono ora dotati di app per chiamare i taxi, rendendo conveniente ordinare un taxi tramite il tuo smartphone. Le app di taxi più popolari includono Didi Chuxing e Meituan Dache. Queste app ti consentono di inserire la tua destinazione, tracciare la posizione del tuo taxi e persino pagare elettronicamente.

Metodi di pagamento: I taxi a Shanghai di solito accettano pagamenti in contanti e metodi di pagamento mobile comunemente usati come WeChat Pay e Alipay. Le carte di credito sono meno comunemente accettate, quindi è una buona idea avere a portata di mano un po' di valuta locale.

Conoscenza dell'inglese: mentre alcuni tassisti di Shanghai parlano inglese di base, è consigliabile avere la destinazione scritta in caratteri cinesi o utilizzare un'app di traduzione per garantire una comunicazione chiara.

Ride-sharing a Shanghai:

Didi Chuxing: Didi Chuxing è il servizio di ride-sharing dominante a Shanghai e in tutta la Cina.

Simile a Uber, è una piattaforma basata su app che mette in contatto i passeggeri con i conducenti. Gli utenti possono inserire i luoghi di ritiro e consegna, selezionare il tipo di veicolo desiderato e pagare elettronicamente.

Tipi di ride-sharing: Didi offre diverse opzioni di ride-sharing, tra cui Didi standard (come UberX), Didi Express (opzioni leggermente più economiche) e servizi premium come Didi Premier. La scelta del veicolo e il prezzo variano di conseguenza.

Sicurezza e valutazioni: Didi Chuxing pone una forte enfasi sulla sicurezza, con funzionalità come la condivisione della posizione in tempo reale, l'assistenza di emergenza e le valutazioni dei conducenti. I passeggeri possono valutare i conducenti e viceversa, promuovendo un senso di responsabilità.

Metodi di pagamento: Didi Chuxing accetta una varietà di metodi di pagamento, tra cui WeChat Pay, Alipay e carte di credito. Puoi anche collegare la tua carta di credito internazionale all'app per una maggiore comodità.

Supporto per la lingua inglese: l'app di Didi Chuxing ha un supporto limitato per la lingua inglese e alcuni conducenti potrebbero non parlare fluentemente l'inglese. Avere la tua destinazione scritta in cinese o utilizzare app di traduzione può essere utile.

Suggerimenti per l'utilizzo di taxi e ride-sharing a Shanghai:

- Usa le app di ride-sharing per una maggiore comodità, poiché spesso forniscono il monitoraggio in tempo reale e i pagamenti elettronici.
- Porta con te una mappa fisica o uno screenshot dell'indirizzo cinese della tua destinazione in caso di problemi di comunicazione.
- Fai attenzione durante le ore di punta, poiché la congestione del traffico può portare a tempi di percorrenza più lunghi e tariffe più elevate.
- Tieni al sicuro i tuoi effetti personali e assicurati di aver raccolto tutti i tuoi oggetti quando esci dal veicolo.

I taxi e i servizi di ride-sharing a Shanghai offrono un modo efficiente ed economico per spostarsi in città. Sia che tu preferisca la facilità di chiamare un taxi per strada, utilizzare le app di taxi o optare per il ride-sharing, le opzioni di trasporto di Shanghai sono progettate per soddisfare le diverse esigenze di residenti e visitatori.

Noleggio di un veicolo

Noleggiare un veicolo a Shanghai può essere un modo conveniente per esplorare la città e le aree circostanti, soprattutto se apprezzi l'indipendenza e la flessibilità nei tuoi spostamenti. Tuttavia, ci sono fattori importanti da considerare quando si noleggia un veicolo in una città straniera come Shanghai. Ecco una guida completa per aiutarti a navigare nel processo e prendere decisioni informate:

Tipi di veicoli a noleggio:

Autonoleggio: Le compagnie di autonoleggio internazionali e locali offrono una vasta gamma di veicoli, dalle auto compatte alle berline di lusso. Le auto a noleggio sono adatte a coloro che desiderano la flessibilità di guidare da soli in città e oltre.

Servizi con autista: alcune compagnie offrono auto con autista, permettendoti di rilassarti e goderti i panorami senza preoccuparti della navigazione o del traffico. Questa opzione è ideale per coloro che preferiscono non guidare in una città vivace come Shanghai.

Scooter e biciclette elettriche: Oltre alle auto tradizionali, Shanghai offre servizi di noleggio di scooter elettrici e biciclette disponibili tramite varie app, come Mobike e Hellobike. Questi sono ottimi per brevi viaggi ed esplorare le aree bike-friendly della città.

Requisiti per il noleggio di un veicolo:

Patente di guida: Per noleggiare un veicolo a Shanghai, in genere è necessario un permesso di guida internazionale (IDP) o una patente di guida cinese. Se hai una patente di guida valida del tuo paese d'origine, di solito è sufficiente un IDP. Il codice della strada cinese richiede una patente di guida locale per i residenti a lungo termine.

Limiti di età: l'età minima per noleggiare un'auto a Shanghai è in genere di 21 anni, anche se alcune compagnie di noleggio potrebbero richiedere che i conducenti abbiano almeno 25 anni.

Carta di credito: per la prenotazione e il pagamento è spesso richiesta una carta di credito. Assicurati di avere una carta di credito con un limite di credito disponibile per il deposito cauzionale e le spese di noleggio.

Assicurazione: la maggior parte dei contratti di noleggio include l'assicurazione di base, ma è consigliabile prendere in considerazione una copertura aggiuntiva, come la limitazione di responsabilità per danni da collisione (CDW) e l'assicurazione contro gli infortuni personali, per proteggersi da costi imprevisti in caso di incidente o danno.

Consigli per noleggiare un veicolo a Shanghai:

Traffico e condizioni di guida: Il traffico di Shanghai può essere congestionato, soprattutto durante le ore di punta. Se non sei abituato a guidare in queste condizioni, prendi in considerazione l'utilizzo di servizi con autista o mezzi pubblici.

App di navigazione: scarica app di navigazione come Baidu Maps o Google Maps (con una VPN) per aiutarti a navigare in città. Queste app possono fornire aggiornamenti sul traffico e indicazioni stradali in tempo reale.

Regole del traffico e segnali stradali: familiarizza con le regole del traffico e i segnali stradali cinesi. Shanghai ha la reputazione di far rispettare rigorosamente il traffico e comprendere le normative locali è essenziale.

Parcheggio: Trovare parcheggio nel centro della città può essere difficile. Molti hotel e centri commerciali offrono un parcheggio, ma potrebbe avere un costo. Prendi in considerazione l'utilizzo di parcheggi o mezzi pubblici per gli spostamenti in città.

Strade a pedaggio: la Cina ha una vasta rete di strade a pedaggio. Preparati a pagare i pedaggi quando viaggi sulle autostrade e disponi di abbastanza contanti o di un metodo di pagamento elettronico per coprire questi costi.

Barriera linguistica: la lingua può essere un ostacolo quando si comunica con le autorità locali, quindi può essere utile avere a portata di mano frasi cinesi di base o app di traduzione.

Carburante: le stazioni di servizio sono abbondanti a Shanghai e puoi trovare sia stazioni a servizio completo che self-service. Avere contanti o una carta di credito adatta per il pagamento.

Pianifica il tuo percorso: pianifica il tuo percorso in anticipo, soprattutto se viaggi fuori città. Familiarizza con le destinazioni e le eventuali soste lungo il percorso.

Considerazioni sulla sicurezza: Indossa sempre la cintura di sicurezza, rispetta il codice della strada e guida in modo difensivo. Fai attenzione ai pedoni e ai ciclisti sulla strada.

Restituzione del veicolo: Restituisci il veicolo noleggiato in tempo per evitare costi aggiuntivi. Assicurati che il veicolo sia nelle stesse condizioni in cui lo hai ricevuto per evitare controversie.

Noleggiare un veicolo a Shanghai può offrirti la libertà di esplorare la città e i suoi dintorni al tuo ritmo. Tuttavia, è essenziale essere ben preparati, comprendere le regole del traffico locali e disporre della documentazione e della copertura assicurativa richieste. Che tu stia guidando un'auto a noleggio o utilizzando servizi con autista, un'attenta pianificazione e consapevolezza renderanno la tua esperienza sicura e piacevole.

Trasporto pubblico

Il trasporto pubblico a Shanghai è un sistema ben organizzato ed efficiente che serve milioni di residenti e visitatori ogni giorno. Con una vasta rete di metropolitane, autobus, tram e traghetti, spostarsi in città è comodo ed economico. Ecco una guida completa ai trasporti pubblici a Shanghai:

Metropolitana di Shanghai (metropolitana):

La metropolitana di Shanghai è uno dei sistemi metropolitani più grandi e in più rapida espansione del mondo. È la spina dorsale del trasporto pubblico della città, fornendo un modo veloce e affidabile per spostarsi a Shanghai.

- Linee: Il sistema della metropolitana ha oltre 20 linee, ognuna codificata a colori, e copre quasi ogni angolo della città.
- Orari di apertura: i treni in genere circolano dalle 6:00 alle 23:00 circa, ma gli orari di apertura possono variare leggermente in base alla linea.

- Struttura tariffaria: la struttura tariffaria è basata sulla distanza, con una tariffa minima per viaggi brevi. Si consiglia una carta di trasporto contactless (ad esempio, Shanghai Public Transportation Card) per comodità.
- Accessibilità: La metropolitana è generalmente accessibile alle sedie a rotelle e ha segnaletica sia in cinese che in inglese. Ascensori e rampe sono disponibili nella maggior parte delle stazioni.

Autobus pubblici:

La rete di autobus di Shanghai è estesa e completa il sistema metropolitano, soprattutto per raggiungere aree non direttamente accessibili con la metropolitana.

- Tipi di autobus: Shanghai ha autobus urbani regolari, filobus e bus navetta per l'aeroporto.
- Pagamento della tariffa: Come la metropolitana, gli autobus accettano la Shanghai Public Transportation Card. Anche il resto esatto è accettato, ma il pagamento in contanti è sconsigliato.
- Linee di autobus: Ci sono numerose linee di autobus che coprono tutti i quartieri della città. Le fermate degli autobus sono ben segnalate e le informazioni sul percorso sono generalmente bilingue.

- Orari di apertura: I servizi di autobus iniziano la mattina presto e generalmente funzionano fino alle 21:00 circa. Su alcune linee sono disponibili autobus notturni.

Tram:

Shanghai vanta uno storico sistema di tram, noto per il suo aspetto vintage, che lo rende un modo unico per esplorare alcune parti della città.

- Linee di tram: Ci sono diverse linee di tram che operano in diverse parti di Shanghai, tra cui il percorso storico lungo il Bund.
- Tariffa e pagamento: i tram accettano la Shanghai Public Transportation Card, oppure è possibile utilizzare un'app di trasporto. I biglietti possono essere acquistati anche a bordo.
- Orari di apertura: I servizi di tram operano in genere durante le ore diurne e sono una scelta popolare per i turisti.

Traghetti:

Shanghai si trova sul fiume Huangpu e i servizi di traghetto offrono un modo panoramico per attraversare tra Puxi e Pudong e godere della vista dello skyline della città.

- Rotte dei traghetti: i servizi di traghetto sono disponibili su diverse rotte attraverso il fiume, tra cui l'iconica rotta da Lujiazui al Bund.
- Pagamento della tariffa: I biglietti del traghetto possono essere acquistati presso le biglietterie vicino ai terminal dei traghetti.
- Orari di apertura: I servizi di traghetto di solito operano dalla mattina presto fino alle 21:00 circa.

Treno a levitazione magnetica:

Shanghai è anche la patria del treno commerciale più veloce del mondo, lo Shanghai Maglev (treno a levitazione magnetica).

- Percorso: Il Maglev collega l'aeroporto internazionale di Pudong alla stazione della metropolitana di Longyang Road, con una velocità massima di circa 431 km/h (267 mph).
- Tariffa: Il treno Maglev ha una struttura tariffaria separata dalla metropolitana normale e in genere costa di più. Sono disponibili sconti per i biglietti di andata e ritorno e per i passeggeri in possesso di carte d'imbarco aeree.
- Orari di apertura: Il Maglev opera dalle 7:00 alle 21:00 circa e il viaggio dura solo circa 8 minuti.

Carte di trasporto:

Le Shanghai Public Transportation Card, note anche come Jiaotong Ka, sono un modo conveniente per pagare la maggior parte dei mezzi pubblici. Possono essere acquistati e ricaricati nelle stazioni della metropolitana e offrono sconti sulle tariffe.

App per i trasporti di Shanghai:

Numerose app di trasporto, come Metro Shanghai, forniscono informazioni su percorsi, orari e aggiornamenti in tempo reale per autobus, metropolitane, tram e altro ancora. Queste app possono essere preziose per navigare nella rete di trasporto pubblico della città.

Pass per il trasporto turistico:

Per i turisti, Shanghai offre pass di trasporto che forniscono viaggi illimitati sulla metropolitana e sugli autobus per un determinato numero di giorni, rendendoli un'opzione conveniente per esplorare la città.

Il sistema di trasporto pubblico di Shanghai è un modo affidabile, efficiente ed economico per spostarsi in questa vivace metropoli. Che tu stia esplorando lo storico Bund, facendo shopping su Nanjing Road o visitando i grattacieli di Pudong, la rete completa della città ti assicura di poter raggiungere la tua destinazione con facilità e comodità.

I 3 migliori pass per i trasporti

Shanghai offre diversi pass per i trasporti che offrono comodità e risparmio sui costi sia per i residenti che per i visitatori. Questi pass consentono l'accesso illimitato alla rete di trasporto pubblico della città, rendendo più facile esplorare la metropoli e le sue attrazioni. Ecco i tre migliori pass per i trasporti a Shanghai:

1. Carta per i trasporti pubblici di Shanghai (Jiaotong Ka):

La Shanghai Public Transportation Card, comunemente nota come Jiaotong Ka, è il pass per i trasporti più versatile e utilizzato in città. Questa carta può essere utilizzata per vari mezzi di trasporto pubblico, inclusi autobus, tram, metropolitana, traghetti e persino taxi. Ecco cosa c'è da sapere sulla Shanghai Public Transportation Card:

- Come ottenerlo: puoi acquistare una carta e caricarla con credito nelle stazioni della metropolitana, nei terminal degli autobus e in alcuni minimarket. Di solito è richiesto un piccolo deposito, che è rimborsabile quando restituisci la carta.

- Utilizzo: Basta toccare la carta sugli appositi lettori di carte quando si entra e si esce dai mezzi pubblici. La tariffa del viaggio viene detratta automaticamente dal saldo della carta.
- Ricarica: la carta può essere facilmente ricaricata presso le stazioni della metropolitana o online, consentendoti di aggiungere credito secondo necessità.
- Vantaggi: La Shanghai Public Transportation Card offre comodità, in quanto può essere utilizzata per più modalità di trasporto. È particolarmente pratico per i residenti o i visitatori abituali che si affidano regolarmente ai mezzi pubblici.

2. Carta turistica illimitata di Shanghai:

La Shanghai Unlimited Tourist Card è progettata specificamente per i turisti, offrendo loro un accesso illimitato al sistema di trasporto pubblico della città. Questo pass offre un ottimo rapporto qualità-prezzo per coloro che hanno intenzione di esplorare ampiamente le attrazioni di Shanghai:

- Copertura: La carta include corse illimitate sulla metropolitana di Shanghai, autobus, tram e persino sul sistema di traghetti. Garantisce inoltre l'accesso al Bund Sightseeing Tunnel.

- Durata: La carta è disponibile in varie durate, come 1, 2, 3 o 7 giorni, permettendoti di scegliere quella più adatta al tuo soggiorno a Shanghai.
- Acquisto: I turisti possono acquistare la Unlimited Tourist Card presso le stazioni della metropolitana di Shanghai e diversi centri di informazione turistica designati.
- Vantaggi: Questo pass è un'opzione conveniente per i turisti che desiderano la libertà di esplorare Shanghai senza preoccuparsi delle tariffe individuali o dei biglietti di trasporto. È una scelta conveniente per un'esperienza senza problemi.

3. Carta pubblica per biciclette di Shanghai:

Shanghai è una città bike-friendly con una vasta rete di biciclette pubbliche. La Shanghai Public Bicycle Card ti consente di accedere comodamente a queste biciclette ed è ideale per brevi viaggi ed esplorare la città al tuo ritmo:

- Come ottenerlo: È possibile acquistare la Shanghai Public Bicycle Card presso le stazioni di noleggio biciclette in tutta la città. La carta in genere richiede un deposito, che è rimborsabile al momento della restituzione.

- Utilizzo: La tessera consente di sbloccare le biciclette pubbliche dalle stazioni di noleggio. È possibile utilizzare queste biciclette per una durata specifica, che spesso varia da 30 minuti a un'ora, a seconda del tipo di carta.
- Ricarica: le stazioni di ricarica sono disponibili presso le stazioni di noleggio biciclette, rendendo facile aggiungere credito alla carta secondo necessità.
- Vantaggi: La Shanghai Public Bicycle Card è una scelta eccellente per coloro che vogliono esplorare la città in bicicletta, soprattutto lungo le pittoresche aree del lungomare e i quartieri storici. È un'opzione ecologica e conveniente.

Sebbene questi tre pass di trasporto soddisfino esigenze diverse, offrono tutti convenienza e risparmio per spostarsi a Shanghai. La Shanghai Public Transportation Card è versatile e adatta ai residenti, la Unlimited Tourist Card è perfetta per i turisti che desiderano un accesso completo e la Public Bicycle Card è un modo divertente ed ecologico per esplorare la città. Scegli quello che meglio si allinea con i tuoi piani di viaggio e le tue preferenze per sfruttare al meglio il tuo tempo in questa metropoli dinamica.

CAPITOLO 7

RISTORAZIONE E CUCINA

Ristoranti e Caffè

Shanghai è un paradiso culinario, che offre una vasta gamma di ristoranti e caffè che soddisfano tutti i gusti e tutte le tasche. Che tu sia in vena di cucina tradizionale cinese, sapori internazionali o un accogliente caffè, troverai molte opzioni per soddisfare le tue voglie. Ecco alcuni ristoranti e caffè a Shanghai, insieme alle loro sedi:

Lost Heaven: Lost Heaven offre un viaggio attraverso i sapori ricchi e diversi dello Yunnan in un ambiente splendidamente progettato.

Posizione: No. 38 Gaoyou Road, Distretto di Xuhui

Cucina: Yunnan

Jean Georges at Three on the Bund: ristorante a due stelle Michelin, Jean Georges serve cucina francese contemporanea con una vista mozzafiato sul Bund.

Posizione: 3 Zhongshan East 1st Road, Wai Tan, Distretto di Huangpu

Cucina: Francese

Jia Jia Tang Bao: Conosciuto per i suoi deliziosi ravioli, Jia Jia Tang Bao è un luogo amato per uno spuntino veloce e locale.

Posizione: 90 Huanghe Road, Distretto di Huangpu

Cucina: Shanghainese, Ravioli

Yu Yuan: Goditi i classici piatti di Shanghai e il tè tradizionale in un tranquillo giardino.

Posizione: 2577 Longhua Road, Distretto di Xuhui

Cucina: Cinese, Shanghai

M on the Bund: M on the Bund offre una vista mozzafiato sullo skyline di Pudong e serve una moderna cucina australiana con un tocco europeo.

Posizione: 7/F, n. 5 The Bund, Zhongshan East 1st Road, distretto di Huangpu

Cucina: Australiana moderna

Haidilao Hot Pot: Haidilao è una popolare catena di hot pot nota per il suo eccellente servizio e un'ampia varietà di ingredienti per hot pot.

Posizione: Più filiali in tutta Shanghai

Cucina: Hot Pot

Gnocchi fritti di Yang: Gli gnocchi fritti di Yang sono famosi per i suoi panini di maiale saltati in padella e altri deliziosi gnocchi.

Posizione: Più filiali in tutta Shanghai

Cucina: Shanghainese, Ravioli

Southern Barbarian: Assapora i piatti unici dello Yunnan e un'ampia selezione di birre artigianali in questo affascinante ristorante.

Posizione: 2/F, Area 22, 555 Haifang Road, Distretto di Changning

Cucina: Yunnan

Xintiandi Dim Sum House: Provate un assaggio dell'autentico dim sum cantonese nel cuore di Xintiandi.

Posizione: 380 Huangpi South Road, Xintiandi, Distretto di Huangpu

Cucina: Cantonese

Xiao Yang Shengjian: Xiao Yang Shengjian è rinomato per i suoi gnocchi di maiale saltati in padella che sono croccanti sul fondo e succosi in cima.

Posizione: Più filiali in tutta Shanghai

Cucina: Shanghainese, Ravioli

Café des Stagiaires: questo caffè francese è un luogo accogliente per gustare caffè, birra e un'atmosfera rilassata.

Posizione: 158 Julu Road, Distretto di Jing'an

Cucina: Francese

Seesaw Coffee: una caffetteria hipster che serve caffè e pasticcini di alta qualità.

Posizione: 433 Xikang Road, Distretto di Jing'an

Cucina: Caffè

The Press di Inno Coffee: noto per il suo caffè speciale e i metodi di preparazione innovativi.

Posizione: 108 Shanxi South Road, Distretto di Huangpu

Cucina: Caffè

Café Gray Deluxe: un elegante caffè che offre viste panoramiche su Shanghai, insieme a un'eccellente selezione di tè pomeridiani.

Posizione: 7/F, The Middle House, 366 Shi Men Yi Road, Distretto di Jing'an

Cucina: Internazionale, Tè pomeridiano

Farine: una panetteria e caffetteria francese famosa per i suoi deliziosi dolci e pane.

Posizione: 378 Wukang Road, Distretto di Xuhui

Cucina: Panetteria francese

Cafe Lalo: un'affascinante caffetteria con influenze italiane, nota per il suo delizioso caffè e dessert.

Posizione: n. 4, vicolo 63, Fuxing West Road, distretto di Xuhui

Cucina: Italiana, Caffè

Hunter Gatherer: una caffetteria e un ristorante di alimenti naturali che serve piatti biologici, frullati e insalate fresche.

Posizione: 511 Yan'an East Road, Distretto di Huangpu

Cucina: Biologica, salutista

Ocean Grounds: una torrefazione e caffetteria nota per i suoi chicchi di caffè monorigine di alta qualità.

Posizione: 361 Kangding Road, Distretto di Jing'an

Cucina: Caffè

Le Café des Stagiaires: un caffè gemello del Café des Stagiaires, che offre un'atmosfera accogliente simile e un fascino francese.

Posizione: 428 Dagu Road, Distretto di Jing'an

Cucina: Francese

VOYAGE COFFEE: una moderna caffetteria con particolare attenzione ai chicchi di caffè eccezionali e ai metodi di preparazione creativi.

Posizione: 287 Wulumuqi Middle Road, Distretto di Xuhui

Cucina: Caffè

Questi ristoranti e caffè di Shanghai rappresentano una piccola parte della vivace scena culinaria della città. Che tu stia cercando sapori tradizionali cinesi, cucina internazionale o un posto accogliente dove gustare un caffè, Shanghai ha qualcosa per tutti. Assicurati di esplorare questi stabilimenti e scoprire ancora più gemme nascoste in tutta la città.

Piatti locali da provare

Shanghai è una mecca culinaria che offre una deliziosa gamma di piatti locali, che riflettono la ricca storia della città, le diverse influenze e i sapori unici. Quando visiti questa vibrante metropoli, non perdere l'occasione di assaporare questi piatti locali che mettono in mostra il meglio della cucina di Shanghai:

Xiaolongbao (gnocchi di zuppa): questi delicati gnocchi al vapore sono ripieni di carne saporita e un brodo caldo e saporito. In genere vengono serviti con zenzero e aceto.

Dove provare: Jia Jia Tang Bao, Din Tai Fung.

Shengjianbao (panini di maiale saltati in padella): Simili agli xiaolongbao, questi panini vengono saltati in padella per creare un fondo croccante, mentre la parte superiore rimane morbida e soffice. I ripieni sono succosi e deliziosi.

Dove provare: Gnocchi fritti di Yang, Jia Jia Tang Bao.

Cong You Bing (frittelle di scalogno): queste frittelle salate sono fatte con un impasto croccante e friabile e farcite con scalogno e altri condimenti. Sono un popolare cibo di strada.

Dove provare: venditori di cibo di strada, negozi locali per la colazione.

Da Zha Xie (granchio peloso): una prelibatezza stagionale, i granchi pelosi sono rinomati per le loro ricche uova e la carne succulenta. Di solito si gustano in autunno.

Dove provare: ristoranti cinesi di fascia alta, come stabilimenti cantonesi o shanghainesi.

Polpette di testa di leone (Shi Zi Tou): queste polpette di grandi dimensioni e tenere sono fatte con una miscela di carne di maiale e condimenti, servite in una salsa saporita.

Dove provare: Chun, Shanghai Min Restaurant.

Maiale brasato rosso (Hong Shao Rou): un classico piatto di Shanghai, il maiale brasato rosso presenta una tenera pancetta di maiale brasata in una salsa profumata, saporita e leggermente dolce.

Dove provare: Fu 1088, Jianguo 328.

Shanghai Cold Noodles (Liang Mian): questi noodles freddi sono serviti con vari ingredienti come cetriolo, pollo grattugiato e una salsa piccante a base di soia.

Dove provare: Lao Mian Noodles, Jia Jia Tang Bao.

Costine in agrodolce (Tang Cu Pai Gu): queste succulente costolette sono ricoperte da una salsa dolce e piccante, che le rende un antipasto irresistibile.

Dove provare: Ding Te Le, Fu Chun.

Spaghetti saltati in padella di Shanghai (Chao Mian): i noodles saltati in padella sono un popolare cibo di strada a Shanghai, preparato con un mix di verdure, carne e salsa di soia.

Dove provare: venditori di cibo di strada, negozi di noodle locali.

Anatra cotta in rosso in stile Shanghai (Hong Shao Ya): l'anatra cotta in rosso viene preparata con un saporito liquido di brasatura a base di salsa di soia, che si traduce in una carne tenera e gustosa.

Dove provare: Chun, Jian Guo 328.

Wonton in olio di peperoncino (Hong You Chao Shou): questi wonton sono serviti in un olio di peperoncino rosso fuoco e tipicamente riempiti con una miscela di maiale e gamberetti.

Dove provare: Xian Qiang Fang, Yuyuan Shijia.

Tofu alle uova di granchio (Xie Fen Dou Fu): il tofu morbido viene servito con una salsa ricca e cremosa a base di uova di granchio, creando un piatto lussuoso.

Dove provare: Fu Chun, Fu 1088.

Tagliatelle all'olio di cipollotto (Cong You Ban Mian): queste tagliatelle semplici ma deliziose vengono condite con olio profumato di cipollotto, creando un piatto confortante e saporito.

Dove provare: Lao Mian Noodles, Chun.

Pancetta di maiale brasata in stile Suzhou (Bai Luo Pork Belly): un piatto con una glassa dolce e a base di salsa di soia, spesso servito con mantou (panini al vapore) per fare i cursori.

Dove provare: Jianguo 328, Jin Xuan.

Zuppa di ombrina gialla (Huang Yu Tang): questo pesce delicato e delicato viene spesso servito in una zuppa saporita con zenzero, cipollotti e salsa di soia.

Dove provare: Lao Mian Noodles, Chun.

Eight Treasure Rice (Ba Bao Fan): un dolce a base di riso glutinoso, pasta di fagioli rossi, frutta candita e noci, il tutto avvolto in una foglia di loto.

Dove provare: negozi di dolci locali, come Xing Hua Lou.

Tre freschezze in salamoia (San Xian Jiang Yu): questo antipasto freddo presenta verdure fresche marinate, tofu e alghe servite con una salsa saporita.

Dove provare: Chun, Ding Te Le.

18. Granchio e maiale Xiao Long Bao (Xie Rou Xiao Long Bao): una variante di xiaolongbao, questi gnocchi combinano i sapori del granchio e del maiale, offrendo un gusto unico.

Dove provare: Din Tai Fung, Jia Jia Tang Bao.

19. Anatra salata (Ya Xun): L'anatra salata è una prelibatezza tradizionale di Shanghai, dove l'anatra viene marinata nel sale e in altri condimenti prima di essere arrostita.

Dove provare: ristoranti cinesi locali, in particolare quelli specializzati in cucina regionale.

Pesce mandarino a forma di scoiattolo (Song Shu Gui Yu): questo piatto visivamente sbalorditivo presenta pesce croccante servito in una salsa agrodolce, a forma di scoiattolo.

Dove provare: Chun, Fu Chun.

Questi piatti locali rappresentano l'essenza della cultura culinaria di Shanghai, offrendo una vasta gamma di sapori e consistenze. Dal calore confortante dello xiaolongbao alle dolci delizie dell'Eight Treasure Rice, la cucina di Shanghai promette un viaggio delizioso per le vostre papille gustative. Non perdete l'occasione di assaporare queste specialità locali durante la vostra visita in questa città dinamica.

Cibi di strada da provare

Shanghai è un paradiso per gli amanti del cibo, nota per la sua vivace scena di street food. Le strade della città sono fiancheggiate da bancarelle e carretti che offrono una serie di snack deliziosi e convenienti che puoi gustare mentre esplori i vivaci quartieri. Ecco 20 cibi di strada da provare assolutamente a Shanghai, esclusi i piatti locali menzionati in precedenza:

Jianbing Guozi (Crepes cinesi): una colazione o uno spuntino salato, i jianbing sono crepes sottili a base di una pastella di farina di grano e fagioli mung, ripiene di uova, scalogno, coriandolo, pasta fritta croccante e una scelta di salse.

Dove provare: venditori ambulanti e mercati in tutta la città.

Guotie (Pot Stickers): I Guotie sono gnocchi saltati in padella con un fondo croccante e un ripieno succoso. Di solito vengono serviti con un contorno di salsa di soia per immersione.

Dove provare: venditori di cibo di strada e piccoli negozi di gnocchi.

Tanghulu (frutta candita su un bastoncino): spiedini di frutta fresca, di solito fragole o bacche di biancospino, ricoperti da uno strato croccante di sciroppo di zucchero.

Dove provare: venditori ambulanti, soprattutto vicino alle zone turistiche più popolari.

You Tiao (Chinese Crullers): bastoncini di pasta fritti leggeri e ariosi all'interno e croccanti all'esterno, spesso gustati con latte di soia.

Dove provare: bancarelle per la colazione lungo la strada e mercati mattutini.

Chuan (carne allo spiedo): spiedini di carne marinata, spesso agnello, maiale o pollo, grigliati alla perfezione e serviti con spezie e salse.

Dove provare: bancarelle di cibo di strada e mercati notturni.

Mala Tang (Spicy Hot Pot): un'esperienza di hot pot fai-da-te in cui selezioni vari ingredienti, tra cui carne, verdure e noodles, e li cuoci in un brodo piccante e anestetizzante.

Dove provare: bancarelle e piccoli negozi locali.

Rousong Bao (panino con filo interdentale di maiale): un panino morbido e soffice ripieno di una generosa quantità di filo interdentale di maiale, un prodotto a base di carne essiccata dalla consistenza leggera e soffice.

Dove provare: venditori ambulanti e negozi di panetteria.

Doujiang (latte di soia): un classico alimento base cinese per la colazione, il latte di soia può essere dolce o salato ed è spesso abbinato a tiao (crullers) o baozi (panini al vapore).

Dove provare: venditori di colazioni lungo la strada e negozi tradizionali cinesi per la colazione.

Roujiamo (hamburger cinese): uno spuntino simile a un panino composto da un ripieno di carne, di solito maiale stufato, farcito all'interno di un panino rotondo di focaccia.

Dove provare: venditori ambulanti e piccoli ristoranti.

Leng Mian (Cold Noodles): noodles freddi e piccanti serviti con una varietà di condimenti e salse, per uno spuntino rinfrescante in una giornata calda.

Dove provare: bancarelle di strada e piccoli negozi di noodles.

Cifantuan (involtini di riso appiccicoso): Il cifantuan è un rotolo di riso appiccicoso compatto di forma triangolare ripieno di una varietà di ingredienti, come sottaceti, filo interdentale di maiale essiccato e talvolta un tuorlo d'uovo d'anatra salato.

Dove provare: venditori di colazioni lungo la strada e negozi tradizionali cinesi per la colazione.

Shengjian Mianbao (panini di maiale fritti): questi panini di maiale saltati in padella sono simili ai guotie ma hanno un impasto più denso e un ripieno più succoso.

Dove provare: bancarelle di street food e piccoli negozi di gnocchi.

Baozi (panini al vapore): panini al vapore ripieni di vari ripieni salati o dolci, come carne di maiale, verdure o pasta di fagioli rossi.

Dove provare: venditori ambulanti e piccoli ristoranti.

Chou Doufu (tofu puzzolente): un piatto di tofu fermentato noto per il suo forte odore. Viene fritto per creare un esterno croccante e servito con una varietà di salse.

Dove provare: venditori ambulanti e mercati notturni.

Snack Malatang (spiedini piccanti): Simili al chuan, gli spiedini di malatang sono immersi in un brodo piccante e paralizzante, offrendo un'esperienza infuocata e saporita.

Dove provare: bancarelle di cibo di strada e mercati notturni.

Rou Jia Mo (Chinese Sloppy Joe): un panino a base di carne marinata e sminuzzata, tipicamente di maiale, servito all'interno di un panino.

Dove provare: venditori di cibo di strada e piccoli ristoranti.

Hujiao Bing (frittelle al pepe): frittelle sottili e croccanti infuse con grani di pepe del Sichuan, che creano un sapore piccante e paralizzante.

Dove provare: venditori ambulanti e mercati.

Kao Xiangchang (salsicce alla griglia): salsicce grigliate servite su spiedini, condite con spezie e spesso cosparse di peperoncino in polvere.

Dove provare: venditori ambulanti e mercati notturni.

Bing Tang Hulu (frutti ricoperti di zucchero duro): frutta come fragole, ciliegie o uva sono ricoperti di sciroppo di zucchero duro, creando un guscio croccante e dolce.

Dove provare: venditori di cibo di strada e mercati tradizionali.

Niu Rou Mian (zuppa di noodle di manzo): - **Descrizione**: Una sostanziosa ciotola di zuppa di noodle di manzo con tenere fette di manzo, tagliatelle tirate a mano e un brodo saporito.

Dove provare: bancarelle di street food e piccoli negozi di noodles.

Esplorare le strade di Shanghai e concedersi questi deliziosi cibi di strada è un modo delizioso per vivere la cultura culinaria della città. Dal salato jianbing al dolce tanghulu, c'è un mondo di sapori che aspetta di essere scoperto nelle vivaci strade di questa vibrante metropoli.

Galateo a tavola

Cenare a Shanghai è un'esperienza deliziosa e comprendere il galateo culinario locale può migliorare il tuo divertimento e aiutarti a navigare nel panorama culinario con sicurezza. Shanghai, come molte altre città cinesi, ha una propria serie di usanze culinarie che riflettono il profondo rispetto della cultura per il cibo e il godimento dei pasti come occasione sociale. Ecco alcuni consigli essenziali per gustare i pasti a Shanghai:

1. Disposizione dei posti a sedere:

Quando si cena con un gruppo, l'ospite più onorato è solitamente seduto a capotavola di fronte all'ingresso. È considerato rispettoso aspettare che il padrone di casa o la persona più anziana indichi dove sedersi.

Consenti alla persona più anziana di iniziare il pasto e iniziare a mangiare prima di te.

2. Buone maniere a tavola:

È consuetudine usare le bacchette per la maggior parte dei piatti. Forchette e coltelli non vengono in genere utilizzati, tranne che per tagliare grandi pezzi di cibo.

Non puntare mai le bacchette verso gli altri o lasciarle in posizione verticale in una ciotola, poiché questo è associato ai rituali funebri e considerato irrispettoso.

3. Condivisione dei piatti:

I pasti cinesi sono tipicamente serviti in stile familiare, con più piatti posizionati al centro del tavolo per essere condivisi da tutti.

È educato servire gli altri prima di servire se stessi. Usa le posate da portata o l'estremità opposta delle bacchette quando trasferisci il cibo da un piatto comune al piatto.

4. Tostatura:

Quando si partecipa a un brindisi, è consuetudine alzare il bicchiere leggermente più in basso rispetto alla persona che ha iniziato il brindisi, in segno di rispetto.

Quando brindi con qualcuno, puoi dire "Gan Bei", che significa "tazza asciutta". Preparati a far tintinnare i bicchieri più volte durante il pasto.

5. Finire tutto il cibo:

La cultura cinese apprezza il non spreco di cibo, quindi cerca di finire quello che c'è nel tuo piatto. È meglio prendere porzioni più piccole inizialmente e tornare indietro per averne di più se necessario.

Lasciare il cibo nel piatto può essere visto come una mancanza di rispetto nei confronti dell'host e un segno che non sei stato servito abbastanza.

6. Cortesia e rispetto:

Mostra apprezzamento ringraziando il padrone di casa o il cameriere per il pasto. Un semplice "Xie Xie" (pronunciato "shieh-shieh") è un modo educato per esprimere gratitudine.

Aspetta che il padrone di casa inizi la fine del pasto prima di lasciare il tavolo.

7. Slurping e rutto:

Sebbene sia considerato scortese in molte culture occidentali, è accettabile nei ristoranti cinesi sorseggiare noodles e fare un po' di rumore quando si mangia. È visto come un segno che ti stai godendo il tuo pasto.

Tuttavia, eruttazioni eccessive o rumori forti non sono considerati educati.

8. Pagare il conto:

Quando si cena con gli altri, è consuetudine che la persona che ha esteso l'invito paghi il conto. Se sei il padrone di casa, è un gesto di ospitalità.

Se vuoi condividere il costo o esprimere gratitudine, puoi offrirti di pagare, ma è normale che gli host insistano per coprire il conto.

9. Mancia:

La mancia non è una pratica comune in Cina e può persino essere considerata imbarazzante. Le spese di servizio sono spesso incluse nel conto nei ristoranti più esclusivi.

Nei casi in cui il costo del servizio non è incluso, è sufficiente una modesta mancia o un piccolo gesto di apprezzamento, come dire grazie.

10. Sii aperto a provare cose nuove:

La cucina di Shanghai è varia e potresti incontrare ingredienti o piatti che non hai mai provato prima. Sii aperto a esplorare i sapori locali, anche se non sono familiari.

Ricorda che il galateo a tavola può variare in base all'ambiente e alla cultura specifica delle persone con cui stai cenando. È sempre una buona idea seguire l'esempio del tuo host o della gente del posto, in quanto possono fornire indicazioni su ciò che è considerato educato e rispettoso in quel particolare contesto.

Rispettando queste usanze culinarie e mostrando un apprezzamento per la cucina locale, non solo ti godrai i tuoi pasti a Shanghai, ma lascerai anche un'impressione positiva sui tuoi padroni di casa e sugli altri commensali. Cenare a Shanghai non significa solo soddisfare le papille gustative, ma anche condividere l'esperienza e costruire connessioni con gli altri attraverso il cibo.

CAPITOLO 8

ATTIVITÀ

Attrazioni per famiglie

Shanghai è una città vivace e adatta alle famiglie con una vasta gamma di attrazioni e attività per i visitatori di tutte le età. Che tu stia viaggiando con bambini piccoli o adolescenti, troverai molte esperienze orientate alla famiglia da vivere in questa metropoli dinamica. Ecco alcune attrazioni per famiglie a Shanghai:

Shanghai Disneyland: Situato a Pudong, Shanghai Disneyland offre un'esperienza magica con un mix di attrazioni classiche Disney ed elementi culturali unici. Il Castello Incantato del Libro di Fiabe è assolutamente da vedere.

Ocean Aquarium: situato nel complesso dell'Oriental Pearl Tower, lo Shanghai Ocean Aquarium ospita un'impressionante varietà di vita marina, tra cui squali, meduse e pinguini giocosi.

Il Bund Sightseeing Tunnel: i bambini adoreranno il Bund Sightseeing Tunnel, un tram sotterraneo unico nel suo genere che ti porta sotto il fiume Huangpu con luci ed effetti sonori abbaglianti.

Century Park: Century Park è il più grande parco pubblico di Shanghai, che offre spazi verdi aperti, sentieri e un lago navigabile. È il luogo ideale per un picnic in famiglia e per rilassarsi.

Jin Mao Tower Skywalk: fai un viaggio esilarante sulla passerella all'88° piano della Jin Mao Tower, dove puoi vedere la città da una prospettiva a volo d'uccello.

Museo della Scienza e della Tecnologia di Shanghai: questo museo interattivo è perfetto per le giovani menti curiose. Presenta mostre interattive su argomenti come la robotica, lo spazio e la storia naturale.

Happy Valley Shanghai: un parco divertimenti con giostre, spettacoli e attrazioni da brivido per tutte le età, Happy Valley Shanghai promette una giornata piena di divertimento ed eccitazione.

Parco degli animali selvatici di Shanghai: avvicinati a una varietà di animali, tra cui tigri, panda e giraffe, in questo ampio parco faunistico. Puoi anche dare da mangiare ad alcuni degli animali.

Museo di Storia Naturale di Shanghai: situato nel Parco delle Sculture di Jing'an, questo museo offre interessanti mostre sulla storia naturale, tra cui fossili, dinosauri e vita sulla Terra.

Teatro d'arte per bambini: goditi le produzioni teatrali per famiglie al Teatro d'arte per bambini, con spettacoli progettati appositamente per il pubblico giovane.

Power Station of Art: questo museo d'arte contemporanea presenta occasionalmente installazioni interattive e mostre che possono essere coinvolgenti per i bambini più grandi e gli adolescenti.

ERA Intersection of Time: questo spettacolo acrobatico visivamente sbalorditivo combina le acrobazie tradizionali cinesi con la tecnologia moderna, rendendolo un'emozionante esperienza per tutta la famiglia.

Shanghai Changfeng Ocean World: un'altra grande attrazione marina, Changfeng Ocean World offre tunnel sottomarini, spettacoli dal vivo e mostre educative sulla vita marina.

Città sull'acqua di Zhujiajiao: una breve gita di un giorno da Shanghai, Zhujiajiao è una pittoresca città d'acqua con antichi canali, ponti di pietra e architettura tradizionale cinese. È un luogo affascinante da esplorare per tutta la famiglia.

Shanghai Circus World: Lo Shanghai Circus World offre spettacoli sbalorditivi con acrobati, giocolieri e temerari. È uno spettacolo accattivante per tutta la famiglia.

Queste attrazioni per famiglie a Shanghai offrono un mix di intrattenimento, istruzione ed esperienze culturali, assicurando che ci sia qualcosa per tutti i gusti. Che tu stia esplorando il mondo naturale al museo della scienza, imbarcandoti in emozionanti giostre in un parco divertimenti o immergendoti nella magia della Disney, Shanghai offre un'abbondanza di avventure per famiglie per creare ricordi indelebili.

Cose da fare per le coppie

Shanghai, con il suo vivace mix di attrazioni tradizionali e moderne, offre molte opportunità per le coppie di trascorrere un momento romantico e memorabile insieme. Ecco 15 cose da fare per le coppie a Shanghai:

Il Bund: una piacevole passeggiata lungo la storica passeggiata del Bund è un modo romantico per godersi lo skyline della città. La vista dei moderni grattacieli di Pudong, illuminati di notte, è particolarmente affascinante.

Crociera sul fiume Huangpu: scopri Shanghai dall'acqua facendo una crociera fluviale sul fiume Huangpu. Le crociere serali sono particolarmente incantevoli con le luci della città che si riflettono sull'acqua.

Giardino Yuyuan: questo giardino tradizionale cinese è un'oasi di calma in mezzo alla vivace città. Esplora i meravigliosi giardini, i ponti e l'architettura storica.

Proposta di matrimonio alla Pearl Tower: L'Oriental Pearl Tower, con il suo design unico e i ponti di osservazione, è un luogo ideale per una proposta romantica, offrendo una vista mozzafiato sulla città.

Xintiandi: visita Xintiandi per un mix di architettura storica di Shanghai e boutique moderne, ristoranti e caffè. È il luogo ideale per una cena romantica.

Tianzifang: questo quartiere artistico è pieno di vicoli stretti fiancheggiati da negozi, gallerie e caffè accoglienti. È un luogo affascinante per una piacevole esplorazione e un po' di shopping unico.

Concessione Francese: I viali alberati e le case storiche nella zona della Concessione Francese offrono un ambiente romantico per una passeggiata o un giro in bicicletta.

Vita notturna al The Roof: goditi una serata al The Roof, un bar sul tetto con vista mozzafiato sulla città, un luogo ideale per assaporare cocktail e trascorrere del tempo di qualità insieme.

Tempio del Buddha di Giada: esplora il tranquillo Tempio del Buddha di Giada, dove puoi ammirare le statue del Buddha di giada e apprezzare l'atmosfera serena.

Cerimonia del tè tradizionale cinese: partecipa a una tradizionale cerimonia del tè cinese in una casa da tè come Huxinting Tea House e goditi una selezione di tè mentre impari a conoscere la storia e la cultura del tè.

Corso di cucina: Partecipate a un corso di cucina insieme per imparare a preparare piatti tradizionali shanghainesi o cinesi. È un modo divertente per legare ed esplorare la cucina locale.

Shanghai Circus World: goditi uno spettacolo di acrobazie allo Shanghai Circus World, un'esperienza emozionante che può lasciarti a bocca aperta di fronte all'incredibile talento degli artisti.

M50 Creative Park: visita l'M50 Creative Park, un quartiere artistico con gallerie, studi e opere d'arte contemporanea. È un luogo per apprezzare l'arte e la cultura cinese moderna.

Il treno Maglev: fai un giro sul treno Maglev, uno dei treni più veloci del mondo, che collega l'aeroporto di Pudong alla città. È un'esperienza unica per gli appassionati di treni.

Spa Day: Concediti una rilassante giornata in una delle tante spa di lusso di Shanghai. Potrete concedervi massaggi, trattamenti viso e trattamenti benessere per una giornata di coccole e relax.

Con la sua combinazione di fascino storico e glamour moderno, Shanghai offre uno sfondo meraviglioso per esperienze romantiche. Che tu stia passeggiando per i quartieri storici, godendoti una crociera panoramica sul fiume o esplorando le vivaci arti e la cultura della città, Shanghai offre innumerevoli opportunità per le coppie di creare bellissimi ricordi insieme.

Avventure all'aria aperta

Shanghai, una vivace metropoli nota per il suo paesaggio urbano, potrebbe non essere il primo luogo che viene in mente per le avventure all'aria aperta, ma la città e le aree circostanti offrono una sorprendente gamma di attività all'aperto e meraviglie naturali. Ecco alcune avventure all'aria aperta che puoi vivere a Shanghai e dintorni:

Escursioni nell'isola di Chongming: fuggi dal trambusto della città prendendo un traghetto per l'isola di Chongming. È un luogo ideale per fare escursioni e godersi le bellezze naturali dell'isola, tra cui zone umide, foreste e terreni agricoli.

Andare in bicicletta a Sheshan: Sheshan, situata alla periferia di Shanghai, offre un terreno collinare e una vegetazione lussureggiante, che la rendono un luogo ideale per andare in bicicletta. L'area comprende anche la Basilica di Sheshan e il Parco Forestale Nazionale di Sheshan.

Sport acquatici al lago Dianshan: il lago Dianshan, a ovest di Shanghai, offre opportunità per sport acquatici come kayak, paddleboard e vela. È una fuga serena dalla città.

Arrampicata su roccia ad Anji: Anji, a poche ore da Shanghai, è una destinazione popolare per l'arrampicata su roccia. I paesaggi carsici e le scogliere calcaree di questa regione la rendono un luogo ideale per gli amanti della vita all'aria aperta.

Lago dell'Ovest di Hangzhou: A breve distanza in treno da Shanghai, Hangzhou offre uno splendido scenario intorno al Lago dell'Ovest. Noleggia una barca, pedala lungo il lago o semplicemente esplora gli splendidi giardini e templi.

Campeggio a Moganshan: Moganshan, nota per le sue foreste di bambù e il clima più fresco, è un posto fantastico per il campeggio. Molti resort offrono strutture per il campeggio in mezzo alle bellezze naturali.

Lago Qiandao: Situato un po' più lontano da Shanghai, il lago Qiandao è famoso per le sue acque cristalline. Potrete praticare sport acquatici, andare in barca ed esplorare l'antica città sommersa di Shi Cheng.

Birdwatching nella zona umida di Nanhui: la zona umida di Nanhui, parte della Shanghai Dongtan Bird Reserve, è un paradiso per gli amanti del birdwatching. È possibile avvistare una varietà di uccelli migratori e godersi la tranquillità delle zone umide.

All'aperto nel Giardino Botanico di Sheshan: Il Giardino Botanico di Sheshan non solo presenta una vasta gamma di piante, ma offre anche un ambiente tranquillo per piacevoli passeggiate, picnic ed esplorazioni.

Tai Chi nel Fuxing Park: Fuxing Park è un'oasi serena in città dove è possibile unirsi alla gente del posto nella pratica del Tai Chi, un esercizio tradizionale cinese che promuove il benessere fisico e mentale.

Kayak a Xinchang: esplora i corsi d'acqua di Xinchang in kayak. Questa destinazione fuori dai sentieri battuti offre una prospettiva unica della bellezza della regione.

Antica città d'acqua di Fengjing: visita l'antica città d'acqua di Fengjing, che offre canali pittoreschi, architettura tradizionale e un'atmosfera tranquilla, perfetta per una rilassante gita di un giorno.

Trekking nell'area panoramica di Sheshan: l'area panoramica di Sheshan dispone di sentieri di trekking ben tenuti, dove è possibile fare escursioni sulla collina di Sheshan e godere di viste panoramiche della zona.

Parco di Gucun: Il Parco di Gucun è noto per i suoi pittoreschi fiori di ciliegio in primavera, ma è un bel posto per una piacevole passeggiata o un giro in barca in qualsiasi momento dell'anno.

Spiaggia dell'isola di Fuxing: Shanghai ha la sua piccola spiaggia sull'isola di Fuxing, dove puoi rilassarti al sole, giocare a beach volley e goderti una giornata in spiaggia proprio in città.

Sebbene Shanghai sia famosa per le sue attrazioni urbane, queste avventure all'aria aperta offrono una prospettiva diversa delle bellezze naturali, della cultura e delle attività ricreative della regione. Che ti piacciano le escursioni, gli sport acquatici o semplicemente ti godi la tranquillità di un parco, c'è un'avventura all'aria aperta che ti aspetta a Shanghai e dintorni.

Spiagge

Shanghai, nonostante sia una metropoli vivace, non è nota per le sue spiagge. Tuttavia, la città e le aree circostanti offrono alcune opzioni di spiaggia dove residenti e visitatori possono fuggire dall'ambiente urbano e godersi un po' di relax costiero. Ecco alcune spiagge a Shanghai e dintorni:

Jinshan City Beach: Situata a circa 50 chilometri dal centro della città, Jinshan City Beach è una delle destinazioni balneari più popolari vicino a Shanghai. Le sabbie dorate e le acque pulite offrono un luogo ideale per prendere il sole e nuotare durante i mesi estivi. La spiaggia offre anche sport acquatici, bar sulla spiaggia e ristoranti di pesce.

Spiaggia di Fengxian: Situata nel distretto di Fengxian, la spiaggia di Fengxian è un'altra popolare opzione di spiaggia vicino a Shanghai. È nota per il suo ampio litorale sabbioso e le acque calme. L'area della spiaggia è ben sviluppata e dispone di strutture come campi da beach volley, noleggio di sport acquatici e caffè sulla spiaggia.

Spiaggia di Bihai Jinsha: Situata sull'isola di Hengsha, la spiaggia di Bihai Jinsha è una spiaggia tranquilla e relativamente meno affollata. È un luogo ideale per rilassarsi, godersi la tranquillità del mare e sperimentare il ritmo più lento della vita sull'isola.

Spiaggia di Sheshan: La spiaggia di Sheshan, situata nel Parco Forestale Nazionale di Sheshan, offre una combinazione unica di una spiaggia artificiale sul lato di un pittoresco lago. È il luogo ideale per una piacevole giornata nella natura, con sentieri, aree picnic e possibilità di andare in barca.

Lago Dishui: Il lago Dishui, parte dell'area di Lingang New City, vanta una spiaggia artificiale sabbiosa dove è possibile godersi il sole e nuotare in un ambiente sicuro e pulito. L'area del lago fa parte della più ampia area turistica costiera del lago Dishui, che comprende una passeggiata panoramica, punti di ristoro e intrattenimento.

Spiaggia di Xincun: Situata nella zona di Pudong, la spiaggia di Xincun è un'opzione meno affollata per coloro che cercano di sfuggire al trambusto della città. È un luogo più tranquillo e silenzioso per prendere il sole e fare passeggiate sulla spiaggia.

Golden Beach (Donghai Jinsha): Situata sull'isola di Changxing, Golden Beach è nota per le sue lunghe distese di sabbia dorata e le dolci onde. È un luogo ideale per rilassarsi e fuggire dalla città mentre ci si gode i servizi sulla spiaggia.

Spiaggia di Shanghailudao: La spiaggia di Shanghailudao è una spiaggia artificiale sull'isola di Hengsha. Offre una piacevole fuga dalla città, completa di un litorale sabbioso, acque limpide e punti di ristoro nelle vicinanze.

Sebbene queste spiagge offrano una piacevole fuga dall'ambiente urbano di Shanghai, è importante notare che potrebbero non offrire la stessa esperienza delle rinomate spiagge di altre destinazioni costiere. Alcuni di essi sono artificiali o sono stati sviluppati per scopi ricreativi. Inoltre, la qualità e le condizioni dell'acqua possono variare, quindi è consigliabile verificare con le autorità locali e gli operatori balneari informazioni aggiornate prima di pianificare la visita.

Nonostante queste limitazioni, le spiagge di Shanghai e dintorni offrono un modo conveniente per residenti e visitatori di godersi un po' di relax costiero, soprattutto durante i mesi estivi. Che tu stia cercando una giornata di tintarella, sport in spiaggia o una tranquilla fuga dalla città, queste opzioni di spiaggia hanno qualcosa da offrire.

Esperienze nella natura

Shanghai, una metropoli vivace, è spesso associata a grattacieli imponenti e allo sviluppo urbano. Tuttavia, la città e i suoi dintorni offrono diverse esperienze nella natura per coloro che cercano una pausa dal trambusto della città. Ecco alcune attività e luoghi legati alla natura che puoi esplorare a Shanghai:

Giardino botanico di Chenshan: questo ampio giardino ospita una variegata collezione di piante, tra cui specie rare e in via di estinzione. Il Giardino Botanico di Chenshan offre un'atmosfera serena per piacevoli passeggiate e picnic.

Century Park: Essendo il più grande parco di Shanghai, il Century Park offre un'oasi di pace all'interno della città. Il parco è caratterizzato da una vegetazione lussureggiante, sentieri, un lago e varie attività ricreative.

Parco forestale di Gongqing: Il parco forestale di Gongqing è uno dei preferiti dalla gente del posto per i suoi paesaggi pittoreschi, le foreste di bambù e gli stagni tranquilli. È il luogo ideale per una piacevole passeggiata o una giornata di divertimento in famiglia.

Sheshan National Forest Park: appena fuori dalla città, lo Sheshan National Forest Park offre sentieri escursionistici, piantagioni di tè e una collina con vista panoramica. Il parco ospita anche la storica Basilica di Sheshan.

Xixi Wetland Park: situato nella periferia occidentale della città, lo Xixi Wetland Park è un'oasi naturale con una rete di corsi d'acqua, passerelle in legno e architettura tradizionale. È un ottimo posto da esplorare in barca o a piedi.

Dongping National Forest Park: un po' più lontano da Shanghai, il Dongping National Forest Park offre foreste lussureggianti, sentieri escursionistici e un lago incontaminato dove è possibile praticare kayak e altre attività acquatiche.

Parco culturale Jiading Nanxiang: questo parco è noto per i suoi classici giardini cinesi, l'architettura storica e i tranquilli stagni. È un bel posto per sperimentare la cultura tradizionale cinese.

Zona umida dell'Università di Tongji: questa zona umida ecologica vicino all'Università di Tongji offre opportunità di birdwatching e un ambiente tranquillo per entrare in contatto con la natura.

Suzhou Creek: anche se potrebbe non essere il tipico corso d'acqua panoramico, una passeggiata lungo il Suzhou Creek può fornire una prospettiva unica della natura urbana nel cuore di Shanghai.

Birdwatching nella zona umida di Nanhui: la zona umida di Nanhui è un paradiso per gli amanti del birdwatching. È una tappa fondamentale per gli uccelli migratori, che offre l'opportunità di avvistare una varietà di specie aviarie in un ambiente naturale.

Parchi cittadini: Numerosi parchi cittadini di Shanghai offrono spazi verdi per il relax e la ricreazione. Puoi trovare aree per rilassarti, praticare Tai Chi o fare un picnic. Fuxing Park e Zhongshan Park sono opzioni popolari.

Parco delle Sculture di Shanghai: Combinando arte e natura, il Parco delle Sculture di Shanghai presenta sculture contemporanee incastonate in splendidi giardini paesaggistici e spazi aperti.

Fengjing Ancient Water Town: questa antica città d'acqua non solo ha canali pittoreschi, ma anche paesaggi fluviali lussureggianti, che la rendono una destinazione tranquilla per una gita di un giorno da Shanghai.

Collina di Sheshan: sali sulla collina di Sheshan per goderti le viste panoramiche sulla campagna circostante. La collina è spesso indicata come la "Svizzera orientale" a causa del suo clima fresco.

Greenways e sentieri: Shanghai ha ampliato la sua rete di greenways e sentieri pedonali. Questi percorsi permettono di esplorare diverse parti della città a piedi o in bicicletta.

Sebbene Shanghai sia principalmente una destinazione urbana, queste esperienze nella natura offrono ai residenti e ai visitatori l'opportunità di entrare in contatto con il mondo naturale e godere di momenti di tranquillità e svago all'aperto all'interno dei confini della città. Che tu stia esplorando parchi lussureggianti, passeggiando per i giardini botanici o facendo una passeggiata panoramica lungo i corsi d'acqua della città, queste attività legate alla natura a Shanghai offrono una pausa rinfrescante dal brusio urbano.

CAPITOLO 9

VITA NOTTURNA E DIVERTIMENTO

Bar

Shanghai vanta una fiorente vita notturna, con una vasta gamma di bar per tutti i gusti e le preferenze. Dalle eleganti lounge sul tetto agli accoglienti speakeasy, ecco alcuni bar di Shanghai, ognuno con la sua atmosfera e posizione uniche:

Bar Rouge: Situato sullo storico Bund, il Bar Rouge è famoso per le sue viste mozzafiato sullo skyline di Pudong. È un bar sul tetto chic e alla moda che offre un mix di cocktail, musica e un'atmosfera vivace.

Posizione: 7° piano, Bund 18, 18 Zhongshan East 1st Road, distretto di Huangpu.

Lost Heaven: Lost Heaven combina un bar con la cucina dello Yunnanese. L'interno del bar è splendidamente decorato con elementi etnici tradizionali, creando un'atmosfera unica ed esotica.

Posizione: No. 38 Gaoyou Road, vicino a Fuxing Park, distretto di Xuhui.

Speak Low: Speak Low è un rinomato speakeasy di Shanghai. L'ingresso è discreto, ma una volta entrati, scoprirai un bar su più livelli con temi distinti su ogni piano, tra cui un cocktail bar vintage e una tana di whisky nascosta.

Posizione: 579 Fuxing Middle Road, vicino a Ruijin Second Road, distretto di Huangpu.

The Nest: The Nest è un bar sul tetto arroccato sopra la città. Con una vista mozzafiato sul Tempio di Jing'an, è un luogo popolare per gustare cocktail creativi e musica house.

Posizione: 130 East Yan'an Road, vicino a South Wulumuqi Road, distretto di Jing'an.

Kathleen's Waitan: Situato in un affascinante edificio storico, il Kathleen's Waitan offre un ambiente elegante e romantico con un tocco europeo. È un luogo perfetto per un cocktail o un bicchiere di vino con vista sul fiume Huangpu.

Posizione: 450 Dagu Road, vicino a Shandong Middle Road, distretto di Hongkou.

Senator Saloon: questo saloon in stile americano è noto per la sua vasta selezione di whisky, i cocktail classici e l'arredamento vintage che ti trasporta indietro nel tempo all'epoca del proibizionismo.

Posizione: 98 Wuyuan Road, vicino a Wulumuqi South Road, distretto di Xuhui.

El Ocho: Nascosto in un edificio storico sul Bund, El Ocho è un bar intimo noto per i suoi cocktail artigianali, tra cui intrugli di mezcal e tequila, in un'atmosfera rilassata e accogliente.

Posizione: 2/F, 18 Zhongshan East 1st Road, vicino a Guangdong Road, distretto di Huangpu.

The Waterhouse at South Bund: The Waterhouse è un boutique hotel con un bar panoramico che offre una splendida vista sul fiume Huangpu. È un ambiente moderno ed elegante per gustare un drink o due.

Posizione: 1-3 Maojiayuan Road, vicino a Zhongshan South Road, distretto di Huangpu.

Liquid Laundry: Liquid Laundry è un gastropub con un proprio birrificio. Potrete gustare birre artigianali, cocktail e cibo in stile americano in un ambiente contemporaneo e industrial-chic.

Posizione: 2/F, Kwah Centre, 1028 Huaihai Middle Road, vicino a Donghu Road, distretto di Xuhui.

Tabellone segnapunti di Windows: Tabellone segnapunti di Windows è un popolare bar dello sport, il che lo rende un luogo ideale per guardare eventi sportivi in diretta sorseggiando una birra fresca. Il bar ha un'atmosfera amichevole e informale.

Posizione: 88 Nanjing East Road, vicino a Guizhou Road, distretto di Huangpu.

Questi sono solo alcuni dei tanti bar di Shanghai che offrono esperienze uniche. Che tu stia cercando un rooftop di fascia alta con vista, uno speakeasy nascosto o un ritrovo informale di quartiere, la scena della vita notturna di Shanghai ha qualcosa per soddisfare i gusti e le preferenze di tutti.

Discoteche

La vita notturna di Shanghai è rinomata per le sue opzioni di clubbing vivaci e diversificate, che la rendono un punto di riferimento per gli appassionati di musica elettronica e i frequentatori di feste. Ecco alcuni locali notturni di Shanghai, ognuno con la sua atmosfera e posizione unica:

M1NT: Arroccato al 24° piano, M1NT offre una vista mozzafiato sulla città e un'atmosfera esclusiva. È noto per la sua musica elettronica e per il suo pubblico di fascia alta.

Posizione: 318 Fuzhou Road, vicino a Shandong Middle Road, distretto di Huangpu.

Le Baron: Le Baron è una discoteca elegante e intima nota per la sua musica hip-hop ed elettronica. È popolare tra la moda e la folla creativa di Shanghai.

Posizione: 7F, 20 Donghu Road, vicino a Huaihai Middle Road, distretto di Xuhui.

Linx: Linx è una delle discoteche più alla moda di Shanghai, nota per la sua musica dance elettronica ad alta energia e per i suoi appariscenti spettacoli di luci. È un ottimo posto per ballare e fare festa.

Posizione: B1/F, 739 Dingxi Road, vicino a Yan'an West Road, distretto di Changning.

Fusion: Fusion è un'iconica discoteca dal design futuristico e dall'atmosfera vivace. È famoso per la sua variegata lineup musicale, tra cui EDM, hip-hop e altro ancora.

Posizione: 123 Xingye Road, vicino a Madang Road, distretto di Luwan.

Celia by Pulse: Celia è una discoteca più piccola e intima popolare tra la comunità LGBTQ+. Ospita feste a tema e offre un mix di musica house, techno e pop.

Posizione: 298 Xingfu Road, vicino a Pingwu Road, distretto di Xuhui.

Bar Rouge: Di giorno, il Bar Rouge offre una vista mozzafiato sul Bund e di notte si trasforma in un'elegante discoteca con un mix di stili musicali e una folla alla moda.

Posizione: 7° piano, Bund 18, 18 Zhongshan East 1st Road, distretto di Huangpu.

Arkham: Arkham è un noto club underground, che mette in mostra musica techno, house e bass music. È famoso per la sua atmosfera spigolosa e la vasta gamma di DJ.

Posizione: 1 Wulumuqi South Road, vicino a Hengshan Road, distretto di Xuhui.

Ascensore: Ascensore è un luogo più intimo noto per la sua musica elettronica e le feste underground. È uno dei preferiti dai DJ locali e internazionali.

Posizione: 218 Xinle Road, vicino a Donghu Road, distretto di Xuhui.

The Shelter: The Shelter è uno dei club underground più antichi e iconici di Shanghai, noto per la sua dedizione ai generi musicali alternativi.

Posizione: Seminterrato, 5 Yongfu Road, vicino a Fuxing West Road, distretto di Xuhui.

All Club: All Club è un locale compatto ma energico noto per i suoi vari stili musicali, dall'EDM e l'hip-hop alla techno. È un posto dove ballare tutta la notte.

Posizione: 2/F, 17 Xiangyang Road, vicino a Huaihai Middle Road, distretto di Xuhui.

Questi locali notturni di Shanghai offrono una vasta gamma di generi musicali, atmosfere ed esperienze, rendendo facile per i festaioli trovare il luogo perfetto per la loro serata fuori. Dalle viste mozzafiato del Bar Rouge alle vibrazioni underground di Arkham, la vita notturna di Shanghai si rivolge a una folla eterogenea di appassionati di musica e ballo. Ricorda che la scena dei club di Shanghai è dinamica, quindi è una buona idea controllare gli elenchi degli eventi e informarsi sugli ultimi avvenimenti prima di pianificare la tua serata.

Pub

Shanghai non è solo discoteche appariscenti e bar di fascia alta; Ha anche una fiorente scena di pub che si rivolge a coloro che cercano un'atmosfera più rilassata e accogliente. Ecco alcuni pub di Shanghai, ognuno con il suo carattere e la sua posizione unici:

The Camel Sports Bar: The Camel è un popolare bar sportivo noto per le sue trasmissioni sportive in diretta, l'ottimo cibo da pub e un'ampia selezione di birre. È un luogo in cui assistere alla partita e godersi un'atmosfera rilassata.

Posizione: diverse sedi a Shanghai, tra cui 1 Yueyang Road, distretto di Xuhui, e 819 Shaanxi North Road, distretto di Jing'an.

The Bulldog: The Bulldog è un pub in stile britannico con un'atmosfera amichevole e accogliente. Offre una varietà di birre alla spina e piatti classici da pub, che lo rendono un punto di riferimento per gli espatriati e la gente del posto.

Posizione: 1 Wulumuqi Middle Road, vicino a Dongping Road, distretto di Xuhui.

Abbey Road: Abbey Road è un'istituzione di lunga data a Shanghai, nota per la sua atmosfera da pub britannico, la musica dal vivo e i posti a sedere all'aperto. È un ottimo posto per rilassarsi con gli amici.

Posizione: 3 Taojiang Road, vicino a Hengshan Road, distretto di Xuhui.

Boxing Cat Brewery: Boxing Cat Brewery è il primo birrificio artigianale e pub di Shanghai. Offre una varietà di birre artigianali prodotte in loco, insieme a cibo da pub in stile americano.

Posizione: 82 Fuxing West Road, vicino a Yongfu Road, distretto di Xuhui.

The Rooster: The Rooster è un pub accogliente e in stile quartiere noto per le sue birre artigianali e il comfort food. È un luogo rilassato per incontri informali.

Posizione: 455 Shaanxi South Road, vicino a Yongjia Road, distretto di Xuhui.

The Hop Project: The Hop Project è un pub di birra artigianale con una selezione a rotazione di birre alla spina. È un luogo ideale per gli appassionati di birra che desiderano provare birre nuove e uniche.

Posizione: 372 Dagu Road, vicino a Chengdu North Road, distretto di Hongkou.

The Caxton: The Caxton è un accogliente pub britannico con camino e interni in legno, che offre un ambiente caldo e invitante. È un luogo popolare sia per gli espatriati che per la gente del posto.

Posizione: 374 Huangpi South Road, vicino a Taicang Road, distretto di Huangpu.

The Sailors: The Sailors è un pub situato a Pudong a tema marittimo, che offre una vasta gamma di birre, un'atmosfera vivace e occasionalmente musica dal vivo.

Posizione: 555 Jinfeng Road, vicino a Weifang West Road, Pudong New Area.

The Shed: The Shed è un pub rustico e rilassato con una comoda area salotto all'aperto. È un luogo popolare per gli espatriati e la gente del posto per rilassarsi e godersi un drink.

Posizione: 698 Shaanxi Nan Road, vicino a Kangding Road, distretto di Jing'an.

The Brew: The Brew è un brewpub situato nel Kerry Hotel, che offre una varietà di birre artigianali prodotte in loco. Offre un'esperienza di pub più raffinata nella zona di Pudong.

Posizione: 1/F, Kerry Hotel, 1388 Huamu Road, Pudong New Area.

Questi pub di Shanghai offrono una vasta gamma di atmosfere, dai tradizionali pub in stile britannico ai locali di birra artigianale. Sono scelte eccellenti per chi preferisce un ambiente più rilassato e rilassato per gustare bevande di qualità e buona compagnia. Che tu stia cercando un confortevole pub di quartiere o un posto dove esplorare il mondo della birra artigianale, la scena dei pub di Shanghai ha qualcosa per tutti.

Consigli di sicurezza per la serata fuori

Uscire per una serata in città a Shanghai può essere un'esperienza emozionante e memorabile, ma è importante dare la priorità alla sicurezza per garantire una serata fluida e piacevole. Shanghai è generalmente una città sicura, ma come qualsiasi altra grande area urbana, è essenziale prendere precauzioni. Ecco alcuni consigli di sicurezza per una serata fuori a Shanghai:

Scegli il tuo mezzo di trasporto con saggezza: opta per taxi registrati o servizi di ride-sharing affidabili come Didi o Uber. Evita i veicoli senza patente o non contrassegnati. Se prendi i mezzi pubblici, fai attenzione alle metropolitane e agli autobus affollati durante le ore di punta.

Tieni al sicuro gli oggetti di valore: usa una cintura portasoldi o una custodia nascosta per trasportare passaporto, contanti e altri documenti importanti. Sii consapevole di ciò che ti circonda, soprattutto nelle aree affollate, ed evita di esporre oggetti costosi come gioielli o borse firmate.

Rimani in aree ben illuminate: attieniti a strade e aree pubbliche ben illuminate ed evita luoghi poco illuminati o isolati. I principali distretti di Shanghai sono generalmente sicuri, ma è consigliabile prestare attenzione nelle aree meno affollate.

Bevi responsabilmente: bere troppo può renderti vulnerabile. Calmati ed evita di accettare drink da estranei. Tieni d'occhio la tua bevanda per evitare manomissioni. Se sei in gruppo, assicurati che tutti stiano insieme.

Fai attenzione alle truffe: Shanghai, come qualsiasi altra grande città, ha la sua parte di truffe. Fai attenzione a chiunque ti offra "offerte speciali" o ti chieda denaro. Ignora le offerte non richieste e mantieni una sana dose di scetticismo.

Comunica i tuoi piani: fai sapere a qualcuno di cui ti fidi i tuoi piani per la notte, incluso dove andrai e quando prevedi di tornare. Condividi la tua posizione tramite un'app di messaggistica o utilizza un servizio di ride-sharing che offre una funzione di viaggio condivisibile.

Impara alcune frasi di base: Mentre molte persone a Shanghai parlano inglese, imparare alcune frasi di base in mandarino può essere utile in caso di emergenza o quando si chiedono indicazioni.

Fai attenzione a dove metti i piedi: i marciapiedi e le strade possono essere irregolari e potrebbero esserci ostacoli come scooter e biciclette. Presta attenzione a dove stai camminando per evitare incidenti o inciampi.

Segui le leggi locali: rispetta le leggi e le usanze locali. Shanghai è generalmente una città sicura e rispettosa della legge, ma ricorda che le attività illegali possono portare a problemi.

Usa bancomat affidabili: quando prelevi contanti, utilizza bancomat situati in aree ben illuminate e sicure come banche o centri commerciali. Fai attenzione a chiunque ti stia guardando alle spalle.

Familiarizzare con i numeri di emergenza: il numero di emergenza di Shanghai è 110 per la polizia e 120 per le emergenze mediche. Salva questi numeri nel tuo telefono nel caso in cui sia necessario chiamare aiuto.

Evita attività non autorizzate: alcuni locali notturni e bar possono avere pratiche o truffe senza scrupoli. Attieniti a strutture affidabili per garantire un'esperienza più sicura e piacevole.

Rispetta le usanze locali: Shanghai è una città con un mix di culture e background. Essere rispettosi delle usanze e delle tradizioni locali, come coprirsi le spalle e le ginocchia quando si visitano i templi, può aiutarti ad avere un'esperienza positiva.

Seguendo questi consigli di sicurezza, puoi assicurarti che la tua serata a Shanghai non sia solo divertente ma anche sicura. Ricorda che, sebbene sia importante prendere precauzioni, Shanghai è una città generalmente accogliente nei confronti dei visitatori e la maggior parte delle persone che incontri sono amichevoli e disposte ad aiutare. Goditi la tua serata fuori e crea ricordi duraturi mantenendo la sicurezza una priorità.

CAPITOLO 10

SHOPPING E SOUVENIR

Mercati e Bazar

Shanghai è una vivace metropoli nota per la sua modernità e i suoi grattacieli, ma ha anche una scena di mercato ricca e vibrante che offre uno sguardo sulla storia e la cultura della città. Questi mercati e bazar offrono una vasta gamma di prodotti, dai prodotti tradizionali cinesi alla moda moderna e all'antiquariato. Ecco alcuni dei mercati e bazar più importanti di Shanghai:

Bazar di Yuyuan: Il Bazar di Yuyuan è un classico esempio di mercato tradizionale cinese. È una zona vivace con vicoli stretti, dove puoi trovare una varietà di oggetti come oggetti d'antiquariato, tè cinese, prodotti di seta e snack tradizionali. Il bazar è circondato da una splendida architettura classica cinese.

Posizione: Vicino allo storico Giardino Yuyuan, Distretto di Huangpu.

Nanjing Road: Nanjing Road è una delle vie dello shopping più famose di Shanghai. Sebbene sia fiancheggiata da moderni centri commerciali e marchi internazionali, ospita anche una varietà di venditori ambulanti che vendono souvenir e snack.

La sezione pedonale è un ottimo posto per passeggiare e fare shopping.

Posizione: Si estende dal Bund al Tempio di Jing'an, nel distretto di Huangpu.

Mercato dell'antiquariato di Dongtai Road: il mercato dell'antiquariato di Dongtai Road è uno scrigno di tesori per gli amanti dell'antiquariato. È un mercato tentacolare con innumerevoli bancarelle che vendono oggetti d'antiquariato cinesi, oggetti vintage e curiosità.

Posizione: Liuhekou Road, vicino a Xizang South Road, distretto di Huangpu.

Mercato dei tessuti: Il mercato dei tessuti è il punto di riferimento per la sartoria a Shanghai. Puoi scegliere i tessuti, prendere le misure e farti realizzare abiti personalizzati, dagli abiti agli abiti. È un paradiso per chi cerca capi su misura.

Posizione: 168 Dongmen Road, vicino a Middle Xizang Road, distretto di Huangpu.

Xinyang Fashion Market: Xinyang Fashion Market è un luogo per i cacciatori di occasioni. È famosa per i suoi prodotti di design contraffatti, dove puoi trovare di tutto, dalle borse all'abbigliamento agli accessori.

Posizione: 95 Xinyang Road, vicino a Madang Road, distretto di Luwan.

Tianzifang: Tianzifang non è un mercato tradizionale, ma piuttosto un affascinante labirinto di vicoli pieni di boutique, studi d'arte, caffè e piccole gallerie. È un luogo ideale per esplorare, acquistare oggetti unici e godersi l'atmosfera.

Posizione: Corsia 210, Taikang Road, vicino a Dapuqiao, distretto di Luwan.

Mercato all'ingrosso di abbigliamento Qipu Road: Qipu Road è un mercato all'ingrosso dove è possibile acquistare abbigliamento, accessori e tessuti a prezzi convenienti. È un posto eccellente per acquistare articoli di moda economici.

Posizione: 168 Qipu Road, vicino a Henan North Road, distretto di Hongkou.

Mercato dei tessuti del Bund meridionale di Shanghai: questo mercato dei tessuti è simile al mercato dei tessuti menzionato in precedenza, ma offre una selezione più ampia di tessuti, compresi quelli per la tappezzeria e l'arredamento della casa.

Posizione: 399 Lujiabang Road, vicino a Zhaojiabang Road, distretto di Huangpu.

Mercato dell'antiquariato del tempio di Jing'an: Il mercato dell'antiquariato del tempio di Jing'an è un mercato del fine settimana dove è possibile trovare una vasta gamma di oggetti d'antiquariato, da collezione e vintage. È uno dei preferiti dai collezionisti e dagli appassionati di antiquariato.

Posizione: 59 Taixing Road, vicino a West Nanjing Road, distretto di Jing'an.

Hongqiao International Pearl City: Hongqiao International Pearl City è un mercato a più piani dedicato a perle, gioielli e pietre preziose. È un posto eccellente per acquistare perle e gioielli di qualità a prezzi competitivi.

Posizione: 3721 Hongmei Road, vicino a Yan'an West Road, distretto di Changning.

Questi mercati e bazar di Shanghai offrono un'esperienza di shopping diversificata, dai prodotti tradizionali cinesi alla moda moderna e all'antiquariato. Che tu stia cercando souvenir, regali unici o abbigliamento su misura, questi mercati offrono una vasta gamma di opzioni sia per gli acquirenti che per gli esploratori.

Distretti dello shopping

Shanghai è un paradiso per gli amanti dello shopping, che offre una vasta gamma di quartieri e aree commerciali per soddisfare vari gusti e preferenze. Che tu stia cercando marchi di stilisti di lusso, moda all'avanguardia, elettronica o prodotti tradizionali cinesi, Shanghai ha tutto. Ecco alcuni dei migliori quartieri dello shopping della città:

Nanjing Road: Nanjing Road è una delle vie dello shopping più famose di Shanghai. È divisa in due sezioni: Nanjing East Road, caratterizzata da una strada pedonale con boutique di marchi internazionali, e Nanjing West Road, nota per i suoi grandi magazzini e negozi tradizionali cinesi. La strada si anima di folle frenetiche, luci abbaglianti e artisti di strada, che la rendono una tappa obbligata per acquirenti e turisti.

Ubicazione: Distretto di Huangpu.

Huaihai Road: Huaihai Road è un'altra iconica via dello shopping di Shanghai, spesso indicata come gli "Champs-Élysées" della città. È fiancheggiata da boutique di fascia alta, grandi magazzini e marchi di lusso. Il viale alberato offre un'esperienza di shopping più serena rispetto all'energia vibrante di Nanjing Road.

Posizione: Distretto di Xuhui.

Xintiandi: Xintiandi è un elegante quartiere dello shopping, dei ristoranti e dell'intrattenimento con un tocco storico. Il quartiere è caratterizzato da case shikumen (porte di pietra) ricostruite con una miscela di elementi architettonici occidentali e cinesi. Qui troverai un mix di marchi internazionali, boutique di lusso e negozi unici.

Ubicazione: Distretto di Huangpu.

Tianzifang: Tianzifang è un quartiere dello shopping affascinante e alla moda, pieno di vicoli stretti e stradine fiancheggiate da boutique, studi d'arte, caffè e piccole gallerie. È un luogo ideale per acquistare oggetti unici e godersi l'atmosfera artistica e culturale.

Posizione: Distretto di Luwan.

La Concessione Francese: La Concessione Francese è nota per le sue strade alberate e le affascinanti boutique. È un luogo perfetto per esplorare, acquistare oggetti d'antiquariato, oggetti vintage e reperti di moda unici. Il quartiere vanta anche una pletora di accoglienti caffè e ristoranti.

Posizione: Distretto di Xuhui.

AP Plaza: AP Plaza, noto anche come il "Mercato dei falsi", è il luogo in cui è possibile trovare prodotti di design, elettronica, abbigliamento e accessori a prezzi stracciati. Preparati a contrattare per ottenere le migliori offerte.

Ubicazione: Pudong Nuova Area.

Lujiazui: Lujiazui è il quartiere finanziario di Shanghai e ospita una serie di moderni centri commerciali e boutique di lusso. La zona, con grattacieli iconici come l'Oriental Pearl Tower, offre negozi di alto livello con uno splendido sfondo urbano.

Ubicazione: Pudong Nuova Area.

Qipu Road: Qipu Road è famosa per il mercato all'ingrosso di abbigliamento Qipu Road, dove è possibile acquistare abbigliamento, accessori e tessuti a prezzi convenienti. È un punto di riferimento per gli acquirenti attenti al budget.

Ubicazione: Distretto di Hongkou.

North Sichuan Road: North Sichuan Road è nota per i suoi mercati all'ingrosso e i negozi locali, che la rendono un luogo ideale per acquistare tessuti, abbigliamento e accessori. È meno affollata rispetto ad alcune delle zone più turistiche.

Ubicazione: Distretto di Hongkou.

Hongqiao: L'area di Hongqiao ospita centri commerciali come Global Harbor, uno dei più grandi dell'Asia, e una varietà di punti vendita. È un luogo ideale sia per lo shopping di lusso che per quello di fascia media.

Ubicazione: Distretto di Changning.

Questi quartieri dello shopping offrono una vasta gamma di opzioni per gli acquirenti, dai marchi di stilisti di lusso ai mercati economici. La dinamica scena dello shopping di Shanghai soddisfa gusti e preferenze diverse, assicurandoti di poter trovare praticamente tutto ciò che stai cercando, che si tratti dell'ultima moda, dell'elettronica, dell'antiquariato o di prodotti locali unici.

I migliori souvenir da acquistare

Shanghai, una città che fonde perfettamente tradizione e modernità, offre una vasta gamma di souvenir unici e culturalmente ricchi che i viaggiatori possono portare a casa come preziosi ricordi della loro visita. Che tu stia cercando manufatti tradizionali cinesi, ninnoli moderni o deliziose prelibatezze, Shanghai ha qualcosa per tutti. Ecco alcuni dei migliori souvenir da acquistare a Shanghai:

Tè cinese: la Cina è rinomata per la sua cultura del tè e Shanghai offre un'ampia varietà di tè cinesi. Le opzioni più popolari includono tè verde, tè nero, tè oolong e tè al gelsomino. Cerca negozi di tè o mercati di qualità per acquistare questi souvenir profumati e deliziosi.

Prodotti in seta: Shanghai è nota per la sua produzione di seta e puoi trovare bellissime sciarpe, abbigliamento e accessori di seta. Scegli tra una vasta gamma di articoli eleganti e dal design intricato, per creare souvenir lussuosi e senza tempo.

Ventagli cinesi tradizionali: i ventagli cinesi dipinti a mano sono squisiti e intricati, spesso con motivi tradizionali cinesi come peonie o draghi. Sono entrambi belli e funzionali, il che li rende un ricordo unico.

Forniture per calligrafia cinese: Shanghai è un ottimo posto per acquistare pennelli per calligrafia cinese, bastoncini di inchiostro, pietre da inchiostro e carta di riso. Questi articoli non sono solo belli ma anche perfetti per chiunque sia interessato all'arte della calligrafia.

Arte cinese e antiquariato: Shanghai è sede di molti rinomati negozi di antiquariato dove è possibile trovare oggetti come vasi di porcellana, monete antiche, dipinti tradizionali e altri manufatti. È un'opportunità per portare a casa un pezzo di storia cinese.

Tagli di carta cinesi: i ritagli di carta cinesi sono opere d'arte dal design intricato che vengono spesso utilizzate per le decorazioni durante le feste cinesi. Sono souvenir unici e colorati che mettono in mostra l'artigianato cinese.

Oggetti ispirati all'architettura di Shikumen: Shikumen è uno stile architettonico tradizionale di Shanghai, caratterizzato da case di porte in pietra. Puoi trovare oggetti come portachiavi, magneti e modelli di shikumen in miniatura come souvenir che rendono omaggio al patrimonio unico della città.

Gioielli di giada: la giada è considerata un simbolo di buona fortuna e longevità nella cultura cinese. Shanghai offre una vasta gamma di gioielli di giada, tra cui bracciali, ciondoli e anelli, tutti splendidamente realizzati.

Ricamo cinese: Shanghai è nota per i suoi ricami di seta intricati e colorati. Puoi trovare oggetti splendidamente ricamati come borse, arazzi e abbigliamento, creando souvenir vivaci e culturalmente ricchi.

Ombrelli di carta fatti a mano: Suzhou, una città vicina a Shanghai, è famosa per i suoi ombrelli di carta fatti a mano. Questi ombrelli presentano disegni intricati e sono souvenir unici e funzionali.

Nodi cinesi: i nodi cinesi sono decorazioni tradizionali artigianali realizzate con corda di seta o raso. Sono disponibili in varie forme e colori, spesso simboleggiano buona fortuna e felicità. Possono essere utilizzati come ornamenti o accessori.

Prodotti di medicina tradizionale cinese: La medicina tradizionale cinese (MTC) è parte integrante della cultura cinese. A Shanghai puoi trovare prodotti MTC come tisane, balsami e rimedi noti per le loro proprietà olistiche e curative.

Spuntini deliziosi: non dimenticare di portare con te alcune gustose prelibatezze come souvenir. Puoi trovare snack popolari di Shanghai come torte lunari, torte all'ananas e vari tipi di caramelle locali.

Souvenir dalle attrazioni turistiche: molte delle attrazioni turistiche di Shanghai hanno negozi di souvenir che offrono souvenir unici legati ai punti di riferimento della città. Ad esempio, puoi trovare oggetti con la Torre delle Perle Orientali, il Giardino Yuyuan o il Bund.

Ricordati di fare acquisti in negozi e mercati affidabili per garantire la qualità e l'autenticità dei tuoi souvenir. Che tu stia cercando arti e mestieri tradizionali cinesi, specialità locali o ninnoli moderni, i vivaci mercati e negozi di Shanghai hanno qualcosa per tutti da portare a casa e custodire come ricordo della loro visita a questa incredibile città.

Suggerimenti per la contrattazione

La contrattazione è parte integrante dello shopping a Shanghai ed è una pratica culturale comunemente prevista, in particolare nei mercati di strada, nei negozi più piccoli e quando si acquistano articoli da singoli venditori. Ecco alcuni suggerimenti per la contrattazione per aiutarti a navigare nel processo in modo efficace:

Inizia con un sorriso: un comportamento amichevole e accessibile può fare molto quando si contratta a Shanghai. Inizia con un sorriso, sii educato e mostra rispetto per il venditore.

Fai le tue ricerche: Prima di iniziare a contrattare, è essenziale avere un'idea del valore effettivo dell'articolo. Cerca i prezzi in diversi negozi o chiedi alla gente del posto o ai compagni di viaggio una stima approssimativa.

Impara le frasi di base: mentre molti venditori a Shanghai parlano un po' di inglese, conoscere alcune frasi di base in mandarino può essere utile. Ciò include numeri, saluti e frasi relative alla contrattazione.

Stabilisci un budget: determina il prezzo più alto che sei disposto a pagare per un articolo e rispettalo.

Questo ti aiuterà a evitare di spendere troppo nell'eccitazione della negoziazione.

Inizia dal basso: i fornitori spesso fissano i loro prezzi più alti di quanto si aspettano di ricevere. Inizia la tua negoziazione con una controfferta significativamente più bassa, ma sii ragionevole. Una buona regola empirica è quella di iniziare con circa il 30-40% del prezzo richiesto inizialmente.

Sii disposto ad andartene: uno degli strumenti più potenti nella contrattazione è la possibilità di andartene se il venditore non soddisfa il tuo prezzo. Questo dimostra che sei serio e non disperato per fare l'acquisto.

Mostra un interesse genuino: mentre vuoi contrattare per un prezzo più basso, mostrare un interesse genuino per l'articolo può essere una potente tattica di contrattazione. I fornitori possono essere più flessibili se credono che tu voglia davvero il prodotto.

Usa la tecnica del "tag": fingi di ammirare un altro articolo nel negozio e menziona quanto ti piace. Ciò potrebbe spingere il venditore a offrire un'offerta migliore sull'articolo a cui sei effettivamente interessato.

Non avere fretta: la contrattazione può essere un processo lento, quindi prenditi il tuo tempo. I venditori si aspettano una negoziazione e la contrattazione a volte può richiedere un po' di tempo, soprattutto se stai cercando uno sconto significativo.

Preparati al compromesso: la contrattazione è una strada a doppio senso. Mentre miri a un prezzo più basso, anche il venditore potrebbe avere il suo limite. Preparati a incontrarti nel mezzo per un affare equo.

Usa i contanti: i contanti sono i re quando si contratta a Shanghai. Molti piccoli negozi e venditori ambulanti potrebbero non accettare le carte, quindi è meglio avere contanti a portata di mano.

Esamina il prodotto: ispeziona attentamente l'articolo che ti interessa. Evidenzia eventuali difetti o imperfezioni in quanto ciò può darti un'ulteriore leva contrattuale.

Mantieni la calma e l'educazione: la contrattazione dovrebbe sempre essere condotta con rispetto e pazienza. Evita di arrabbiarti o di essere conflittuale, in quanto ciò può essere controproducente.

Tieni a mente le sensibilità culturali: Sebbene sia prevista la contrattazione, è essenziale essere consapevoli delle sensibilità culturali. Evita tattiche aggressive o eccessivamente persistenti e ricorda che l'obiettivo è arrivare a un prezzo equo e reciprocamente accettabile.

Impara dalla gente del posto: se ne hai l'opportunità, osserva come negozia la gente del posto. Può fornire preziose informazioni sull'arte della contrattazione a Shanghai.

La contrattazione a Shanghai può essere un'esperienza divertente e gratificante, che ti consente di interagire con i venditori locali e potenzialmente assicurarti souvenir unici e convenienti. Tieni presente che non tutte le situazioni richiedono la contrattazione; Nei negozi e nei ristoranti più esclusivi, i prezzi fissi sono la norma. Tuttavia, quando ci si trova in mercati e negozi più piccoli, abbracciare l'arte della negoziazione può portare a affari soddisfacenti e interazioni memorabili.

CAPITOLO 11

SICUREZZA E SALUTE

Contatti di emergenza

Conoscere i giusti contatti di emergenza quando ti trovi in una città straniera come Shanghai è essenziale per la tua sicurezza e tranquillità. Sebbene Shanghai sia generalmente una città sicura, le emergenze possono verificarsi ed è fondamentale essere preparati. Ecco alcuni contatti chiave da tenere a mente durante il vostro soggiorno a Shanghai:

Emergenza della polizia: in caso di attività criminale, furto o pericolo immediato, è necessario chiamare il numero di emergenza della polizia. La polizia di Shanghai è generalmente reattiva e disponibile sia con la gente del posto che con i turisti.

Numero di contatto: 110

Emergenze mediche: per emergenze mediche, inclusi incidenti o malattie improvvise, chiamare il 120 per richiedere un'ambulanza. Shanghai ha un sistema sanitario ben sviluppato e puoi anche visitare uno dei tanti ospedali o cliniche della città.

Numero di contatto: 120 (ambulanza)

Vigili del fuoco: se si verifica un incendio o un'altra situazione di emergenza che richiede assistenza antincendio, chiamare i vigili del fuoco al numero 119. In questi casi è fondamentale agire rapidamente.

Numero di contatto: 119

Consolato o Ambasciata: Se sei un cittadino straniero, è essenziale conoscere i dettagli di contatto del consolato o dell'ambasciata del tuo paese a Shanghai. Possono fornire assistenza in caso di smarrimento dei passaporti, questioni legali ed emergenze che coinvolgono i loro cittadini.

Numero di contatto: contatta la rispettiva ambasciata o consolato per le informazioni di contatto di emergenza.

Polizia turistica (di lingua inglese): la polizia turistica può assisterti in caso di problemi non di emergenza, tra cui oggetti smarriti, truffe o richieste generali. Spesso hanno a disposizione ufficiali che parlano inglese.

Numero di contatto: 86-21-6357-6696

Centro antiveleni: se tu o qualcuno con cui sei ingerisce qualcosa di potenzialmente dannoso, contatta il Centro antiveleni per assistenza.

Numero di contatto: 86-21-6327-2266

Hotline per incidenti stradali: in caso di incidente stradale, puoi chiamare il 122 per segnalare l'incidente e chiedere assistenza. Si consiglia di tenere questo numero a portata di mano, soprattutto se si guida a Shanghai.

Numero di contatto: 122

Oggetti smarriti: in caso di smarrimento dei propri effetti personali o documenti, è possibile contattare il Centro oggetti smarriti per richiedere informazioni sugli oggetti smarriti.

Numero di contatto: 86-21-962288

Linea di assistenza per i bambini: questa linea di assistenza è dedicata alla protezione dei bambini e può essere utilizzata per segnalare incidenti che riguardano la sicurezza e il benessere dei bambini.

Numero di contatto: 1101

Hotline antifrode: se sospetti una frode o una truffa, puoi contattare il numero di emergenza della polizia per segnalarla. Le autorità di Shanghai prendono sul serio le frodi e dispongono di unità dedicate per affrontare tali problemi.

Numero di contatto: 110

Tourist Helpline: Questa è una linea di assistenza generale per i turisti a Shanghai. Anche se non è per le emergenze, puoi usarlo per informazioni e assistenza durante la tua visita.

Numero di contatto: 96-21-6357-6696

È essenziale che questi contatti di emergenza siano salvati nel telefono o annotati in un luogo in cui sia possibile accedervi facilmente. Inoltre, prendi in considerazione l'idea di avere a portata di mano un amico di lingua cinese o un'app di traduzione per aiutarti con la comunicazione, soprattutto in situazioni di emergenza. Shanghai è una città ben organizzata e sicura, e le sue autorità sono generalmente sensibili alle esigenze sia dei residenti che dei visitatori. Tuttavia, è sempre meglio essere preparati e informati, in modo da poter affrontare in modo rapido ed efficiente eventuali situazioni impreviste durante il soggiorno.

Precauzioni per la salute

Quando si viaggia a Shanghai, o in qualsiasi destinazione internazionale, è fondamentale prendere precauzioni sanitarie per garantire una visita sicura e piacevole. Shanghai è una città vivace e moderna con un sistema sanitario ben sviluppato, ma è comunque essenziale essere proattivi nella salvaguardia della propria salute. Ecco alcune importanti precauzioni per la salute da considerare prima e durante il tuo viaggio a Shanghai:

Vaccinazioni: prima di recarti a Shanghai, consulta il tuo medico o uno specialista in medicina di viaggio per assicurarti di essere aggiornato sulle vaccinazioni di routine. Inoltre, potresti aver bisogno di vaccini specifici per la regione, come l'epatite A, l'epatite B e il tifo, a seconda dei tuoi piani di viaggio e delle tue attività.

Assicurazione di viaggio: acquista un'assicurazione di viaggio completa che includa la copertura per emergenze mediche, cancellazioni di viaggi e smarrimento del bagaglio. Assicurati di aver compreso i dettagli della polizza e di avere le informazioni di contatto necessarie per il tuo assicuratore.

Sicurezza alimentare e idrica: Mentre l'acqua del rubinetto di Shanghai è generalmente sicura per fare il bagno e lavarsi i denti, è consigliabile bere acqua in bottiglia o acqua che è stata adeguatamente purificata o bollita. Fai attenzione quando consumi cibo di strada e cibi crudi come le insalate. Attieniti ai ristoranti e ai venditori di cibo con buone pratiche igieniche.

Igiene delle mani: lavarsi frequentemente le mani con acqua e sapone è uno dei modi più efficaci per prevenire le malattie. Porta con te un disinfettante per le mani per le situazioni in cui le strutture di lavaggio non sono prontamente disponibili.

Qualità dell'aria: Shanghai può sperimentare l'inquinamento atmosferico, soprattutto in determinati periodi dell'anno. Prendi in considerazione il monitoraggio dei livelli di qualità dell'aria e usa le maschere per il viso quando necessario per proteggerti dagli inquinanti atmosferici.

Farmaci e prescrizioni: se soffri di una condizione medica cronica, assicurati di avere un'ampia scorta di farmaci da prescrizione per tutta la durata del viaggio. Porta con te una copia della tua prescrizione e una lettera del tuo medico, in particolare per tutte le sostanze controllate.

Diarrea del viaggiatore: metti in valigia farmaci da banco per la diarrea del viaggiatore, poiché i cambiamenti nella dieta e nell'ambiente a volte possono portare a disturbi allo stomaco. Consultare il proprio medico per consigli sui farmaci adatti.

Protezione dagli insetti: Shanghai è generalmente sicura in termini di malattie trasmesse dalle zanzare. Tuttavia, se hai intenzione di visitare aree più rurali, porta con te un repellente per insetti per proteggerti da potenziali punture di zanzara.

Protezione solare: L'intensità del sole può essere forte a Shanghai, soprattutto durante l'estate. Usa la protezione solare, indossa un cappello a tesa larga e proteggi gli occhi con occhiali da sole per evitare scottature ed esposizione ai raggi UV.

Strutture mediche: familiarizza con l'ubicazione e le informazioni di contatto delle strutture mediche di Shanghai, inclusi ospedali e cliniche che dispongono di personale o interpreti di lingua inglese. I grandi ospedali internazionali come lo Shanghai United Family Hospital e il Parkway Health sono noti per la qualità delle cure e dei servizi di lingua inglese.

Allergie e restrizioni dietetiche: se soffri di allergie o restrizioni dietetiche, impara a comunicarle in cinese. Porta con te una scheda di allergia o utilizza app di traduzione per assicurarti di ricevere opzioni alimentari sicure.

Kit sanitario per i viaggiatori: metti in valigia un kit sanitario di base con elementi essenziali come cerotti, antidolorifici, antiacidi e qualsiasi altro farmaco personale di cui potresti aver bisogno durante il viaggio.

Pratiche igieniche: Mantenere buone pratiche igieniche, come evitare il contatto ravvicinato con persone malate, coprire bocca e naso quando si tossisce o starnutisce e smaltire correttamente i fazzoletti.

Numeri di emergenza locali: assicurati di avere accesso ai numeri di emergenza locali, nonché alle informazioni di contatto del consolato o dell'ambasciata del tuo paese nel caso in cui avessi bisogno di assistenza.

Prendendo queste precauzioni per la salute, puoi contribuire a garantire una visita sicura e piacevole a Shanghai. Essere proattivi e informati farà molto per salvaguardare la tua salute e permetterti di immergerti completamente nella ricca cultura e nelle vivaci esperienze della città.

Viaggiare con i bambini

Viaggiare con i bambini a Shanghai può essere un'esperienza emozionante e memorabile, ma garantire la loro sicurezza e il loro benessere è della massima importanza. Shanghai è una destinazione generalmente sicura e adatta alle famiglie, ma è essenziale prendere alcune precauzioni per rendere il viaggio piacevole per tutti. Ecco alcuni consigli per la sicurezza di chi viaggia con bambini a Shanghai:

Documentazione: assicurati che tuo figlio abbia tutti i documenti di viaggio necessari, incluso un passaporto valido e tutti i visti richiesti. Porta sempre con te le fotocopie di questi documenti e conservale in un luogo separato in caso di smarrimento.

Precauzioni per la salute: assicurati che tuo figlio sia aggiornato sulle vaccinazioni e consulta il tuo medico su eventuali vaccini aggiuntivi raccomandati per il viaggio. Porta con te tutti i farmaci da prescrizione necessari e un kit di pronto soccorso di base.

Sicurezza dell'alloggio: scegli un alloggio adatto alle famiglie che offra opzioni a prova di bambino, se necessario. Assicurarsi che balconi, finestre e porte siano protetti per evitare incidenti. Richiedi una culla o un letto supplementare per il comfort del tuo bambino.

Passeggino o marsupio: a seconda dell'età del tuo bambino, prendi in considerazione l'idea di portare un passeggino o un marsupio per facilitare la mobilità. Le strade di Shanghai possono essere affollate e un passeggino può essere più comodo per navigare nelle zone turistiche.

Identificazione del bambino: porta con te un documento d'identità per tuo figlio, come una scheda plastificata con il suo nome, le tue informazioni di contatto e qualsiasi informazione medica importante, soprattutto se tuo figlio ha allergie o condizioni mediche specifiche.

Alloggio a prova di bambino: Proteggi il tuo alloggio spostando qualsiasi oggetto potenzialmente pericoloso fuori dalla portata di tuo figlio. Coprire le prese elettriche, fissare i cavi e utilizzare i fermaporta per evitare lesioni.

Barriera linguistica: i residenti di Shanghai potrebbero non parlare sempre inglese. Prendi in considerazione l'idea di avere a portata di mano un'app di traduzione o schede linguistiche per comunicare le esigenze di tuo figlio, in particolare per quanto riguarda allergie alimentari o requisiti medici.

Sicurezza del trasporto pubblico: Shanghai ha un ampio sistema di trasporto pubblico. Assicurati che tuo figlio comprenda le regole di sicurezza quando usa metropolitane, autobus e taxi. Tenersi per mano ed essere consapevoli di ciò che lo circonda è importante.

Sicurezza del traffico: le strade di Shanghai possono essere trafficate e il traffico può essere caotico. Prestare la massima attenzione quando si attraversano le strade e utilizzare gli attraversamenti pedonali. Insegna a tuo figlio a guardare in entrambe le direzioni e a tenersi per mano mentre cammina.

Sicurezza alimentare e idrica: Shanghai offre una vasta gamma di deliziose opzioni alimentari, ma sii selettivo su ciò che mangia tuo figlio. Attieniti a ristoranti rispettabili ed evita il cibo di strada se hai dubbi sull'igiene.

Seggiolini auto per bambini: se hai intenzione di utilizzare taxi o servizi di ride-sharing, prendi in considerazione l'idea di portare con te un seggiolino auto per bambini, poiché non tutti i conducenti a Shanghai potrebbero averne uno. La sicurezza dovrebbe sempre essere al primo posto quando si viaggia con bambini piccoli.

Bagni pubblici: i bagni pubblici di Shanghai potrebbero non essere sempre dotati di fasciatoi. Preparati con un fasciatoio portatile e le forniture necessarie per il tuo bambino.

Attrazioni locali: Shanghai ha numerose attrazioni per famiglie, come parchi, zoo e musei. Assicurati che tuo figlio segua le linee guida di sicurezza e stia vicino a te nelle aree affollate.

Informazioni sulle emergenze: familiarizzare con i numeri di emergenza locali, compresi quelli per la polizia (110) e le emergenze mediche (120). Tieni un elenco scritto delle allergie, dei farmaci e di eventuali condizioni di salute di tuo figlio.

Sii cauto con gli estranei: insegna a tuo figlio la sicurezza personale, incluso non parlare con estranei o andare da nessuna parte con loro. Assicurati che sappiano come individuare un adulto fidato o un punto d'incontro designato se si perdono.

Viaggiare con i bambini a Shanghai può essere un'esperienza gratificante, che li espone a una nuova cultura e amplia i loro orizzonti. Adottando misure di sicurezza adeguate e rimanendo vigili, puoi garantire un viaggio tranquillo e piacevole per la tua famiglia mentre esplori questa vibrante città.

Viaggiare da soli

Viaggiare da soli a Shanghai può essere un'avventura fantastica, che offre opportunità per la scoperta di sé e l'esplorazione. Tuttavia, come ogni esperienza di viaggio in solitaria, la sicurezza dovrebbe essere una priorità assoluta. Shanghai è una città relativamente sicura, ma è essenziale prendere precauzioni per garantire un viaggio agevole e sicuro. Ecco alcuni consigli di sicurezza per i viaggiatori che esplorano Shanghai da soli:

Fai ricerche e pianifica in anticipo: prima del tuo viaggio, cerca i quartieri, le attrazioni e le opzioni di trasporto di Shanghai. Avere una buona conoscenza della disposizione della città e di ciò che vuoi vedere può aiutarti a navigare con maggiore sicurezza.

Sicurezza dell'alloggio: Scegli il tuo alloggio con saggezza. Opta per hotel o ostelli affidabili e ben recensiti, in particolare quelli che offrono servizi di sicurezza e concierge 24 ore su 24. Assicurati che le porte e le finestre della tua stanza siano sicure.

Rimani connesso: porta con te un telefono cellulare con una scheda SIM locale o un piano di roaming internazionale in modo da poter rimanere in contatto con la famiglia e gli amici. È anche consigliabile avere un caricabatterie portatile per garantire che il telefono rimanga operativo.

Contatti di emergenza: memorizza o salva importanti numeri di emergenza nel tuo telefono, inclusi la polizia locale (110) e i servizi di emergenza medica (120). Assicurati di conoscere l'ubicazione del consolato o dell'ambasciata del tuo paese per ricevere assistenza, se necessario.

Strumenti di comunicazione: scarica app di traduzione o porta con te un frasario per superare le barriere linguistiche. Sebbene l'inglese sia parlato in alcune zone turistiche, molti locali potrebbero non essere fluenti, quindi essere in grado di comunicare le esigenze di base può essere molto utile.

Condividi il tuo itinerario: condividi il tuo itinerario di viaggio con un amico fidato o un familiare, inclusa la posizione prevista e le informazioni di contatto. Fai regolarmente il check-in con qualcuno durante il tuo viaggio.

Evita le aree isolate di notte: quando esplori la città dopo il tramonto, rimani in aree ben illuminate e popolate. Evita di vagare in strade isolate o scarsamente illuminate per ridurre il rischio di incontrare potenziali pericoli.

Assicurazione di viaggio in solitaria: prendi in considerazione l'acquisto di un'assicurazione di viaggio che copra specificamente chi viaggia da solo. Questo può fornire copertura per emergenze mediche, cancellazioni di viaggi e altre situazioni impreviste.

Fai attenzione alle truffe: come in ogni grande città, fai attenzione alle truffe. Quelli comuni a Shanghai includono cerimonie del tè, gallerie d'arte false e prodotti contraffatti. Fidati del tuo istinto e fai ricerche in anticipo per riconoscere potenziali truffe.

Tieni al sicuro i tuoi effetti personali: tieni sempre al sicuro i tuoi effetti personali, inclusi passaporti, documenti di viaggio e denaro. Usa una cintura portasoldi o una custodia nascosta per gli oggetti di valore e fai attenzione ai borseggiatori nelle aree affollate.

Trasporto locale: il trasporto pubblico di Shanghai è generalmente sicuro. Tuttavia, utilizza sempre taxi autorizzati o servizi di ride-sharing affidabili. Quando usi la metropolitana, tieni d'occhio i tuoi effetti personali, poiché può essere affollata durante le ore di punta.

Evita l'esposizione pubblica di oggetti di valore: non attirare l'attenzione su gioielli costosi o dispositivi elettronici. Mantieni discreti la tua fotocamera, lo smartphone e altri oggetti di valore per ridurre al minimo il rischio di furto.

Viaggiare leggeri: viaggiare con meno bagagli rende più facile spostarsi in città e riduce la possibilità di perdere o smarrire oggetti. Porta con te solo ciò di cui hai veramente bisogno per le tue escursioni quotidiane.

Rispetta le usanze locali: familiarizza con le usanze locali e le norme culturali per evitare di offendere inavvertitamente la gente del posto o di trovarti in situazioni scomode. Essere rispettosi fa molto per garantire un'esperienza positiva.

Fidati del tuo istinto: se qualcosa ti sembra strano o scomodo, fidati del tuo istinto e allontanati dalla situazione. Evita situazioni o luoghi che ti fanno sentire a disagio.

Shanghai è una città vivace e accogliente per chi viaggia da solo e, con un'adeguata preparazione e vigilanza, si può vivere un'esperienza memorabile e sicura. Cogli l'opportunità di esplorare questa metropoli dinamica, immergerti nella sua cultura e goderti la libertà che offre il viaggio in solitaria, garantendo al contempo che la tua sicurezza personale rimanga una priorità assoluta.

CAPITOLO 12

APPROFONDIMENTI CULTURALI

Sagre e Festività

Shanghai, una città variegata e dinamica, celebra una varietà di festival e festività durante tutto l'anno, riflettendo sia la cultura tradizionale cinese che le sue moderne influenze cosmopolite. Queste celebrazioni offrono un'opportunità unica per immergersi nella cultura locale e vivere l'atmosfera vibrante della città. Ecco uno sguardo ad alcuni dei principali festival e festività di Shanghai:

Capodanno cinese (Festa di primavera): Il Capodanno cinese è la festa più significativa e ampiamente celebrata a Shanghai e in tutto il paese. Segna l'inizio del nuovo anno lunare e prevede vivaci parate, danze del drago e del leone, fuochi d'artificio e tradizionali riunioni di famiglia. I visitatori possono gustare spuntini tradizionali come gnocchi e torte di riso appiccicoso.

Data: da fine gennaio a metà febbraio (in base al calendario lunare).

Festival delle Lanterne: Il Festival delle Lanterne segna la fine della celebrazione del Capodanno cinese. A Shanghai, troverai mostre di lanterne e attività nei parchi e negli spazi pubblici. Le persone mangiano anche tangyuan (polpette di riso glutinoso dolci) durante questo festival.

Data: 15° giorno del primo mese lunare (di solito cade a febbraio o marzo).

Festival di Qingming (Giorno della pulizia delle tombe): Il Festival di Qingming è un momento in cui le persone visitano le tombe dei loro antenati, puliscono le lapidi e fanno offerte. Sebbene sia una festa solenne, è anche un'opportunità per godersi il clima primaverile e gli splendidi fiori di ciliegio nei parchi intorno a Shanghai.

Data: 4 o 5 aprile.

Giornata internazionale del lavoro: la Giornata internazionale del lavoro è un giorno festivo celebrato con parate, raduni e vari eventi in tutta Shanghai. È il momento di onorare i contributi dei lavoratori e godersi le attività del tempo libero.

Data: 1 maggio.

Dragon Boat Festival: Il Dragon Boat Festival commemora l'antico poeta Qu Yuan e prevede gare di dragon boat, il consumo di zongzi (gnocchi di riso appiccicoso) e l'apposizione di sacchetti colorati pieni di erbe e spezie.

Data: 5° giorno del 5° mese lunare (di solito cade a giugno).

Festa di metà autunno: la festa di metà autunno, nota anche come festa della luna, viene celebrata con torte lunari, riunioni di famiglia e guardando la luna piena. A Shanghai si possono trovare torte lunari splendidamente decorate in vari gusti.

Data: 15° giorno dell'8° mese lunare (di solito cade a settembre o ottobre).

Festa nazionale: la Festa nazionale segna la fondazione della Repubblica Popolare Cinese e viene celebrata con grandi parate, fuochi d'artificio e vari eventi culturali a Shanghai. È un momento emozionante per assistere allo spirito patriottico della città.

Data: 1 ottobre.

Natale: il Natale è ampiamente celebrato a Shanghai, con molti ristoranti, negozi e hotel splendidamente decorati. Anche se non è un giorno festivo, è un momento di festa per fare shopping e godersi le luci e le decorazioni della città.

Data: 25 dicembre.

Shanghai International Arts Festival: questo festival artistico annuale mette in mostra una vasta gamma di spettacoli, tra cui opera, danza, teatro e musica. È una stravaganza culturale che attira artisti e performer da tutto il mondo.

Data: da ottobre a novembre.

Festival del Turismo di Shanghai: Il Festival del Turismo di Shanghai è un evento della durata di un mese che include sfilate, mostre culturali e spettacoli. È un momento eccellente per esplorare la vibrante cultura e l'intrattenimento della città.

Data: da settembre a ottobre.

Questi festival e festività offrono uno sguardo sul ricco arazzo culturale di Shanghai. Dalle celebrazioni tradizionali radicate nella storia cinese agli eventi internazionali che mostrano la prospettiva globale della città, c'è sempre qualcosa di eccitante che accade in questa metropoli cosmopolita. Sia che tu stia cercando di sperimentare le usanze tradizionali, gustare cibi festivi o partecipare a spettacoli artistici, il calendario di Shanghai è pieno di opportunità per unirti al divertimento e ai festeggiamenti.

Tradizioni

Shanghai, una città che fonde magnificamente antiche tradizioni con modernità, ha un ricco patrimonio culturale che si riflette in vari aspetti della vita. Le tradizioni di Shanghai comprendono costumi, rituali e pratiche che sono state tramandate di generazione in generazione, creando un'identità culturale unica. Ecco uno sguardo ad alcune delle principali tradizioni di Shanghai:

Cultura del tè: La cultura del tè occupa un posto speciale nelle tradizioni di Shanghai. La città è nota per le sue case da tè, dove le persone si riuniscono per gustare una varietà di tè, in particolare tè verde e tè al gelsomino. Le tradizionali cerimonie del tè sono ancora praticate in molti luoghi, enfatizzando l'armonia, il rispetto e il relax.

Architettura Shikumen: Shikumen, uno stile architettonico unico a Shanghai, combina elementi occidentali e cinesi. E' caratterizzata da case con cancello in pietra con stretti vicoli. Il design riflette la storia della città di essere un porto commerciale internazionale.

Medicina Tradizionale Cinese (MTC): La Medicina Tradizionale Cinese, con le sue radici nell'antica Cina, svolge un ruolo significativo nel sistema sanitario di Shanghai. Pratiche come l'agopuntura, la fitoterapia e la coppettazione sono comunemente usate per la salute e il benessere.

Feste tradizionali: Shanghai celebra varie feste tradizionali cinesi come la Festa di Primavera (Capodanno cinese), la Dragon Boat Festival e la Festa di Metà Autunno. Questi eventi coinvolgono usanze come le gare di dragon boat, la preparazione e il consumo di cibi speciali e il rispetto per gli antenati.

Calligrafia e pittura cinese: La calligrafia e la pittura cinese sono forme d'arte tradizionali praticate da secoli. Shanghai è sede di numerose gallerie d'arte e studi dove è possibile ammirare queste antiche arti e persino prendere lezioni per impararle.

Abbigliamento tradizionale: mentre l'abbigliamento occidentale è ormai comune a Shanghai, è ancora possibile vedere persone che indossano abiti tradizionali cinesi come qipao (cheongsam) e changshan durante occasioni speciali, come matrimoni o eventi culturali.

Arti marziali: le arti marziali tradizionali cinesi, o kung fu, sono parte integrante della cultura di Shanghai. La città ha numerose scuole di arti marziali dove è possibile imparare e praticare varie forme come il Tai Chi, il Wing Chun e lo Shaolin Kung Fu.

Valori confuciani: I valori confuciani, che enfatizzano il rispetto per gli anziani, la famiglia e l'armonia sociale, hanno una profonda influenza sulla cultura locale. Questi valori sono sostenuti nella vita quotidiana e sono parte integrante del tessuto sociale di Shanghai.

Cucina tradizionale: La cucina di Shanghai è rinomata per i suoi piatti tradizionali, come gli xiaolongbao (gnocchi di zuppa), gli shengjianbao (panini saltati in padella) e il maiale brasato rosso. Questi piatti rispecchiano le tradizioni culinarie della regione.

Musica tradizionale e opera: Shanghai è la patria di forme di opera tradizionale cinese come il Kunqu e l'opera di Pechino. La musica e gli strumenti tradizionali come il guqin e l'erhu sono ancora apprezzati ed eseguiti in vari eventi culturali.

Feng Shui e architettura: i principi del feng shui sono profondamente radicati nell'architettura e nella pianificazione urbana della città. Elementi come l'uso dell'acqua e il posizionamento degli edifici per massimizzare l'armonia sono presi in considerazione quando si progettano le strutture.

Culto degli antenati: Il culto degli antenati è una tradizione significativa a Shanghai e molte famiglie mantengono santuari ancestrali nelle loro case per rendere omaggio ai loro antenati durante le feste e i rituali importanti.

Usanze nuziali tradizionali: le usanze nuziali di Shanghai includono pratiche tradizionali come la cerimonia del tè, in cui la coppia serve il tè ai loro anziani, simboleggiando rispetto e gratitudine. Il rosso è il colore dominante nell'abito da sposa tradizionale, che simboleggia la gioia e la fortuna.

Artigianato tradizionale: La città ha una storia di artigianato tradizionale, tra cui la produzione di seta, l'intaglio della giada e il ricamo. Abili artigiani continuano a creare pezzi belli e intricati utilizzando questi metodi tradizionali.

Tradizioni religiose: Shanghai ha un panorama religioso diversificato, con il taoismo, il buddismo e il cristianesimo in primo piano. Le pratiche religiose tradizionali, come bruciare incenso nei templi e fare offerte, sono ancora osservate.

Queste tradizioni, profondamente radicate nella storia e nella cultura della città, contribuiscono all'unicità di Shanghai. Se da un lato la città ha abbracciato la modernità, dall'altro è riuscita a preservare e celebrare i suoi costumi e le sue pratiche tradizionali, creando una miscela armoniosa di vecchio e nuovo che definisce la sua identità culturale. I visitatori di Shanghai hanno l'opportunità di esplorare queste tradizioni e di acquisire una comprensione più profonda del ricco patrimonio culturale della città.

Lingua e frasi

La lingua è un aspetto essenziale di qualsiasi esperienza di viaggio e a Shanghai troverai un ricco arazzo linguistico che riflette il variegato patrimonio culturale della città. Mentre il cinese mandarino è la lingua ufficiale, si parla anche lo shanghainese, una varietà regionale del cinese Wu. Inoltre, molti residenti di Shanghai, in particolare quelli del settore dei servizi e le generazioni più giovani, possono comunicare in inglese. Ecco uno sguardo più da vicino alle lingue e alle frasi chiave che potresti incontrare a Shanghai:

1. **Cinese mandarino**: Il mandarino è la lingua ufficiale della Cina e la lingua principale utilizzata per la comunicazione a Shanghai. La maggior parte della segnaletica, dei documenti ufficiali e delle comunicazioni governative sono in mandarino. Quando visiti Shanghai, imparare alcune frasi di base in mandarino può essere immensamente utile.

2. **Shanghainese (cinese Wu):** lo shanghainese, un dialetto regionale del cinese Wu, è comunemente parlato dalla gente del posto a Shanghai. Anche se non è la lingua ufficiale, potresti sentirla nelle conversazioni di tutti i giorni, in particolare tra la

popolazione anziana. Imparare alcune frasi di Shanghai può essere un modo divertente per entrare in contatto con la gente del posto.

3. Inglese: Negli ultimi anni, la conoscenza dell'inglese è aumentata a Shanghai, soprattutto tra la popolazione più giovane e coloro che lavorano nel settore dei servizi. Nelle zone più frequentate dai turisti, troverai spesso cartelli e menu in inglese e molte persone sono in grado di capire e comunicare in inglese di base.

4. Frasi chiave in mandarino: Imparare alcune frasi di base in mandarino può rendere il tuo soggiorno a Shanghai più piacevole e conveniente. Ecco alcune frasi essenziali per iniziare:

- Ciao: 你好 (Nǐ hǎo)
- Grazie: 谢 谢 (Xièxiè)
- Sì: 是的 (Shì de)
- No: 不 (Bù)
- Per favore: 请 (Qǐng)
- Mi scusi: 对不起 (Duìbuqǐ)
- Quanto costa?: 这个多少钱? (Zhège duōshǎo qián?)

- Dov'è...?:... 在哪里? (... zài nǎlǐ?)
- Bagno: 厕所 (Cèsuǒ)
- Non capisco: 我不懂 (W ǒ bù dǒng)
- Aiuto: 帮助 (Bāngzhù)

5. Frasi di Shanghai: Anche se non è necessario, conoscere alcune frasi di Shanghai può essere un modo unico per entrare in contatto con la gente del posto e sperimentare la cultura locale. Ecco alcune frasi di Shanghai:

- Ciao: 哎哟 (Ai ya)
- Grazie: 咔噜 (Ka lu)
- Sì: 有的 (Yo de)
- No: 哪个 (Na ge)
- Arrivederci: 拜 拜 (Bai bai)
- Come stai?: 侬好伐 (Nong hao va?)
- Sto bene: 我好伐 (Wo hao va)
- Delizioso: 正 (Zeeng)
- Acqua: 水 (Sui)

- Cibo: 食 (Shik)
- Buono: 正经 (Zeeng jing)
- Cattivo: 埋怨 (Mai yuan)

6. App e strumenti di traduzione: Per interazioni più complesse e per navigare in città, le app di traduzione come Google Translate, Pleco o iTranslate possono essere estremamente utili. Queste app possono aiutare a superare le barriere linguistiche e facilitare la comunicazione.

7. Galateo della lingua: Quando si interagisce con la gente del posto a Shanghai, è essenziale essere educati e rispettosi. Le cortesie comuni come dire "per favore" e "grazie" fanno molto. Inoltre, usare entrambe le mani quando si offre o si riceve qualcosa, come denaro o un biglietto da visita, è considerato educato.

8. Linguaggio del corpo e gesti: Anche la comunicazione non verbale, come i gesti, può essere utile. Ad esempio, annuire con la testa significa "sì" e scuotere la testa significa "no". Tuttavia, tieni presente che alcuni gesti potrebbero avere significati diversi in Cina, quindi è consigliabile prestare attenzione.

La diversità linguistica di Shanghai e la prevalenza dell'inglese nelle aree turistiche la rendono una destinazione relativamente accessibile per i viaggiatori internazionali. Tuttavia, fare lo sforzo di imparare alcune frasi di base in mandarino e, se sei pronto per la sfida, alcune frasi in shanghainese può migliorare la tua esperienza di viaggio, permettendoti di connetterti più profondamente con la cultura e la gente locali.

Galateo e usanze locali

Comprendere l'etichetta e le usanze locali a Shanghai è essenziale per un'esperienza di viaggio fluida e rispettosa. Shanghai è una città moderna e cosmopolita, ma conserva anche tradizioni e norme sociali profondamente radicate. Ecco alcune regole e usanze chiave da tenere a mente quando si visita questa vibrante metropoli:

Saluti: Quando si incontra qualcuno a Shanghai, una semplice stretta di mano è comune, soprattutto in contesti formali. Tuttavia, anche un cenno del capo o un leggero inchino è un gesto educato. Quando si salutano gli anziani o coloro che occupano posizioni di autorità, è consuetudine rivolgersi a loro con il loro titolo, come "Signore" o "Signora" seguito dal cognome.

Galateo degli affari: Nel mondo degli affari, la puntualità è molto apprezzata. Arrivate puntuali alle riunioni e siate ben preparati. Lo scambio di biglietti da visita è una pratica comune; Offrili e ricevili con entrambe le mani in segno di rispetto. Quando presenti la tua carta, assicurati che il lato cinese sia rivolto verso l'alto.

Galateo a tavola: Cenare a Shanghai è un'attività sociale significativa e ci sono diverse usanze culinarie di cui essere a conoscenza:

- Aspetta di essere fatto accomodare dal padrone di casa.
- È educato lasciare un po' di cibo nel piatto per indicare che sei pieno.
- Quando servi tè o alcolici, offrili agli altri prima di te stesso.
- Quando usi le bacchette, evita di puntarle verso le persone o di lasciarle in piedi verticalmente in una ciotola di riso, poiché queste azioni sono considerate scortesi.
- Evita di picchiettare le bacchette sul bordo della ciotola, poiché questo è associato ai mendicanti che chiedono cibo.

Mance: La mancia non è una pratica comune a Shanghai, soprattutto nei ristoranti locali e nelle situazioni quotidiane. Mentre i ristoranti di lusso possono aggiungere una tassa di servizio al conto, non e consuetudine dare la mancia ai tassisti o al personale di servizio. Tuttavia, negli stabilimenti di fascia alta o per un servizio eccezionale, una mancia modesta può essere apprezzata.

Spazio personale e code: anche se Shanghai può essere affollata, le persone generalmente rispettano lo spazio personale. Spingere o spingere in coda è sconsigliato ed è meglio aspettare pazientemente il proprio turno. Il galateo della linea è molto rispettato nei luoghi pubblici, come le stazioni della metropolitana e le fermate degli autobus.

Scarpe e piedi: le scarpe vengono in genere rimosse prima di entrare in casa di qualcuno a Shanghai. È un segno di rispetto portare pantofole o scarpe da casa da indossare in casa. Inoltre, evita di puntare i piedi verso le persone, poiché i piedi sono considerati la parte più bassa e meno pulita del corpo nella cultura cinese.

Regali: quando offri regali, usa entrambe le mani per presentare il regalo e riceverlo. I regali sono spesso avvolti in carta rossa o dorata, che simboleggia la buona fortuna. Evita di dare oggetti in gruppi da quattro, poiché il numero quattro suona come "morte" in cinese. I regali più comuni includono tè, frutta o qualcosa di rappresentativo del tuo paese d'origine.

Rispetto per gli anziani: la cultura cinese attribuisce un grande valore al rispetto degli anziani. Quando interagisci con persone anziane, usa un linguaggio educato e sii attento alle loro esigenze. Rivolgiti a loro con il loro titolo o titolo onorifico, come "Lao" (老) prima del loro cognome.

Galateo della fotografia: chiedi sempre il permesso prima di scattare una foto a qualcuno, soprattutto nelle zone rurali o non turistiche. Sii sensibile alle pratiche culturali e ai siti religiosi in cui la fotografia può essere limitata.

Contrattazione: la contrattazione è comune nei mercati di strada e nei negozi più piccoli. Quando contratti, sii educato, paziente e rispettoso. Fa tutto parte dell'esperienza di acquisto, ma evita tattiche aggressive o eccessivamente forti.

Evitare argomenti sensibili: Sebbene sia perfettamente accettabile impegnarsi in conversazioni sulla cultura e sulla vita quotidiana, è consigliabile evitare argomenti delicati come la politica, la religione e i diritti umani, poiché queste discussioni a volte possono essere delicate o controverse.

Codice di abbigliamento: Shanghai è una città moderna senza un codice di abbigliamento rigido, ma è importante vestirsi in modo modesto e rispettoso quando si visitano siti religiosi o si partecipa a eventi formali. Vestirsi in modo troppo casual in tali situazioni può essere visto come irrispettoso.

Comprendendo e rispettando le usanze e l'etichetta locale, scoprirai che le tue esperienze a Shanghai saranno più piacevoli e armoniose. Gli abitanti di Shanghai sono generalmente accoglienti e apprezzano i visitatori che mostrano un apprezzamento per la loro cultura e le loro tradizioni.

CONCLUSIONE

Ulteriori risorse per pianificare il tuo viaggio

Pianificare un viaggio a Shanghai è un'impresa entusiasmante e ci sono numerose risorse disponibili per aiutarti a sfruttare al meglio la tua visita a questa città dinamica e culturalmente ricca. Che tu stia cercando informazioni locali o assistenza nell'organizzazione del tuo viaggio, questo libro e queste risorse possono rivelarsi inestimabili:

Siti web turistici:

Sito ufficiale del turismo di Shanghai: Il sito ufficiale del turismo di Shanghai offre informazioni aggiornate sulle attrazioni locali, eventi e consigli pratici di viaggio. È un'ottima risorsa per pianificare il tuo itinerario.

Ufficio Nazionale del Turismo della Cina: questo sito web ufficiale del governo cinese offre una vasta gamma di informazioni sui viaggi in Cina, inclusi i requisiti per il visto, suggerimenti per la sicurezza e guide alle destinazioni per Shanghai e altre città cinesi.

Forum di viaggio:

TripAdvisor: i forum di TripAdvisor a Shanghai sono una risorsa preziosa per i viaggiatori che cercano consigli da altri turisti. Puoi trovare consigli per hotel, ristoranti e tour, nonché risposte a domande specifiche sui viaggi.

Lonely Planet's Thorn Tree Forum: Thorn Tree è un forum popolare per discutere di argomenti relativi ai viaggi. Le sezioni Cina e Shanghai del forum sono eccellenti per cercare consigli e condividere esperienze.

Applicazioni per dispositivi mobili:

Maps.me: Questa app di mappe offline è utile per navigare a Shanghai senza una connessione Internet. Offre mappe dettagliate della città, comprese le indicazioni per camminare e i mezzi pubblici.

WeChat: WeChat è la super app all-in-one cinese, utilizzata per la messaggistica, i pagamenti mobili e altro ancora. È essenziale per la comunicazione in Cina e può essere utilizzato per connettersi con la gente del posto e accedere a vari servizi.

Blog e siti web locali:

Per una comprensione più approfondita della vita a Shanghai, esplora i blog e i siti web locali. Queste piattaforme forniscono approfondimenti sulla vita quotidiana, sugli eventi locali e sulle esperienze fuori dai sentieri battuti. Alcune opzioni popolari includono **Shanghaiist**, **SmartShanghai** e **Time Out Shanghai**.

App per l'apprendimento delle lingue: imparare alcune frasi di base in mandarino può migliorare la tua esperienza di viaggio. Le app per l'apprendimento delle lingue come Duolingo, Rosetta Stone e HelloChinese possono aiutarti a iniziare.

Tour operator locali: Se preferisci un'esperienza guidata, ci sono numerosi tour operator locali a Shanghai che offrono una varietà di tour, dai tour storici a piedi alle avventure culinarie. Controlla siti Web come Viator o GetYourGuide per le opzioni.

Siti di prenotazione di alloggi: le piattaforme di prenotazione di alloggi popolari come Booking.com, Expedia e Agoda offrono una vasta gamma di opzioni per hotel, ostelli e case vacanze a Shanghai.

Siti web delle compagnie aeree: per trovare e prenotare voli per Shanghai, visita i siti web delle compagnie aeree o utilizza motori di ricerca voli come Kayak, Skyscanner o Google Flights. Puoi confrontare i prezzi e scegliere il percorso più conveniente.

Informazioni sul visto: Il sito web dell'Ambasciata della Repubblica Popolare Cinese nel tuo paese o il Centro Servizi per la Richiesta di

Visti Cinese (CVASC) fornisce informazioni sul visto, moduli di domanda e requisiti.

Informazioni sui trasporti: Shanghai ha un ampio sistema di trasporto pubblico, tra cui metropolitane, autobus e taxi. Per i dettagli su percorsi, orari e tariffe, consulta il sito web ufficiale della metropolitana di Shanghai e le app mobili.

Calendari culturali ed eventi: controlla siti web come SmartShanghai e Time Out Shanghai per gli elenchi degli eventi culturali, tra cui mostre d'arte, spettacoli musicali e festival locali che si svolgono durante la tua visita.

Fornitori di assicurazioni di viaggio: i siti Web di fornitori di assicurazioni di viaggio come World Nomads, Allianz Travel e Travelex possono aiutarti a confrontare le opzioni di assicurazione di viaggio e selezionare la migliore copertura per il tuo viaggio.

App locali: scarica app locali come Didi Chuxing per il ride-sharing, Meituan Dianping per la consegna di cibo e prenotazioni di ristoranti e Pleco per l'assistenza alla traduzione.

Che tu sia un viaggiatore esperto o che visiti Shanghai per la prima volta, queste risorse si riveleranno preziose per pianificare il tuo viaggio. Dalle guide di viaggio ai blog locali e alle app linguistiche, forniscono le informazioni necessarie per sfruttare al meglio il tuo tempo in questa città vivace e culturalmente diversificata.

Printed by Amazon Italia Logistica S.r.l.
Torrazza Piemonte (TO), Italy

59534921R00130